Wissen kompakt für Autoren

Kinder- und Jugendbuch Schreiben

Anna Kerkel

KINDER- UND JUGENDBUCH SCHREIBEN

FRANKFURTER TASCHENBUCHVERLAG

IM GROSSEN HIRSCHGRABEN ZU FRANKFURT A/M

FRANKFURT AM MAIN
Großer Hirschgraben 15
D-60311 Frankfurt a/M
Tel. 069-40-894-0 ❋ Fax 069-40-894-194
email: lektorat@frankfurter-taschenbuchverlag.de

www.frankfurter-taschenbuchverlag.de

Bibliografische Information Der Deutschen Bibliothek
Die Deutsche Bibliothek verzeichnet diese Publikation in der Deutschen Nationalbibliografie; detaillierte bibliografische Daten sind im Internet über http://dnb.ddb.de abrufbar.

ISBN 978-3-937909-76-9

2. Auflage 2010

Lektorat: Marcus Taubert M.A., Stephanie Dein M.A.

Satz und Gestaltung: Marcus Taubert M.A.

Bildnachweis Einband oberes Bild: Jose Manuel Gelpi © www.fotolia.de
Bildnachweis Einband unteres Bild: Ingrid Walter © www.fotolia.de

Gedruckt auf säurefreiem, alterungsbeständigen Papier,
hergestellt aus chlorfrei gebleichten Zellstoff (TcF-Norm)

Printed in Germany

Vorwort

Die Frage, was einen guten Text ausmacht, existiert nicht erst seit den amerikanischen Creative-Writing-Kursen, die hierzulande eher kritisch beäugt werden, als dass ihnen ernsthafte Kompetenz zugetraut werden würde. Seit Lessing, Goethe und Schiller (man kann die Liste noch endlos fortführen) denkt man bei dem Wort Dichter für gewöhnlich an das musengeküsste Genie, das innerhalb einer Nacht ein epochales Meisterwerk verfasst.

Doch nicht nur die Biografien der Dichter lassen diese Genie-Musen-Theorie in einem zweifelhaften Licht erscheinen, denn auch Lessing, Goethe, Schiller und zahlreiche andere Autoren befassten sich eben mit genau dieser Frage: Was macht einen guten Text aus? Eigentlich kann man sagen, dass diese Frage so alt wie die Dichtung selbst ist. Nichts anderes als den Versuch, eine Antwort zu geben, stellt bereits in der griechischen Antike die aristotelische Poetik dar – oder später Lessings „Hamburgsche Dramaturgie“, ebenso wie die theoretischen Schriften von Goethe oder Schiller.

Es scheint also Regeln zu geben, nach denen Literatur funktioniert. Regeln, nach denen man zwischen einem guten und einem schlechten Text unterscheiden kann – nichts Anderes ist Literaturkritik. Warum sollte man sich als Autor nicht mit diesen Regeln befassen? Weil es nach gängiger Meinung einfach ist, ein Kinderbuch zu schreiben. Eltern erzählen ihren Sprösslingen Geschichten. Worin sollte das Problem liegen, sie niederzuschreiben?

Kinderbücher sind Texte, und hier gilt – wie immer, wenn es um Sprache und Literatur geht: Es gibt Regeln. Dem Autor steht es frei, ob er sich diesen unterordnen will oder sich über sie erhebt, um etwas Neues zu schaffen – beide Wege sind legitim, und keinem von beiden sollte eine Überlegenheit dem anderen gegenüber unterstellt werden.

Das vorliegende Buch soll demnach kein Regelwerk sein, sondern vielmehr eine Speisekarte, aus der man sich je nach Bedarf und Appetit ein Gericht auswählen kann – und vielleicht noch ein Dessert oder einen Espresso. Die einzelnen Kapitel sind so konzipiert, dass sie unabhängig von den anderen gelesen werden können. Aus diesem Grund kommt es gelegentlich zu inhaltlichen Wiederholungen, so wie in verschiedenen Speisen ja auch gleiche Zutaten vorkommen können.

Teil I – Kinder- und Jugendbuchkunde

Es gibt unzählige Kinderbücher. Dicke und dünne, große und kleine, gute und schlechte, fantastische und realistische. Es gibt Bücher zum Ansehen und zum Vorlesen, um Lesen zu lernen und zum Lernen überhaupt. Einige wollen erziehen, andere unterhalten und wieder andere einfach eine Geschichte erzählen. Jedes dieser Bücher ist einzigartig, und viele davon passen nicht in eine der Schubladen, auf der „Märchen" oder „Science Fiction" oder „Problemorientiertes Jugendbuch" steht.

Trotz ihrer Tendenz zur Verallgemeinerung und Verknappung haben die Schubladen im Schrank der Kinderbücher einen Sinn: Sie helfen dem Leser schnell, sein Buch zu finden. In Buchhandlungen und Bibliotheken werden Kinderbücher nach dem Lesealter und dem Genre geordnet. Üblicherweise gibt der Verlag auf der Rückseite entsprechende Empfehlungen oder Kategorien an. Wenn man sein Manuskript an ein Lektorat senden will, sollte man beides angeben, damit es auf dem richtigen Schreibtisch landet.

Das folgende Kapitel konzentriert sich auf die größten Schubladen im riesigen Schrank der Kinderbücher und weniger auf die kleineren Fächer, welche die Besonderheiten und Kostbarkeiten aufbewahren.

Am Ende eines jeden Abschnitts finden sich Leseempfehlungen. Die Auswahl umfasst nicht nur Bücher, die typisch für das jeweilige Genre sind, sondern oft auch zu den schönsten und beliebtesten der Kinder- und Jugendliteratur gehören.

1. Bilderbücher

Lesen erzeugt Bilder. Jedes Wort, jeder Satz wird zu einem Pinselstrich, einem Detail in einem Gemälde. Und bei jedem Leser sehen diese Bilder anders aus, haben andere Farben und Formen.

Bilderbücher sind die Ausnahme, sie funktionieren nach dem entgegengesetzten Prinzip, denn sie zeigen uns Bilder, deren Geschichte erst gefunden werden muss. Und genauso wie jedes Bild, das beim Lesen im Kopf entsteht, ist jede Geschichte, die beim Betrachten von Bilderbüchern entsteht, einmalig und unverwechselbar.

Bilderbücher ohne Text

Format und Material

Die ersten Bücher zu denen man greift – und das im wahrsten Sinne des Wortes –, sind die Bilderbücher ohne Text. Kleine Kinder erfahren ihre Umwelt nicht allein sehend, sondern auch tastend und schmeckend. Deswegen sind diese Büchlein meist robuste Plastik- oder Pappausgaben, die kleinen Händen und Mündern standhalten.

Viele Verlage kommen dieser multisensuellen Wahrnehmung entgegen, indem sie Bilderbücher als Fühl- oder Puzzlebücher herausgeben. Bei Ersterem werden die Abbildungen mit verschiedenen Materialien kombiniert, ein Stück Stoff für die Hose, etwas Samt für die Katze oder dergleichen Bei Puzzlebüchern kann man größere Teile aus den Abbildungen herauslösen und wie in einem Puzzle wieder einsetzen.

Die Abbildungen

Kinder in dieser Entwicklungsstufe erfassen keine komplexen Bildinhalte. Sie greifen Einzelheiten auf, die sie mit ihrem Alltag und ihrer Umgebung verbinden. Die Abbildungen werden folglich einfach und flächig gestaltet. Bei detailreicheren Bildern ist darauf zu achten, dass sich die einzelnen Elemente gut von voneinander abheben.

Auch die Farbgebung sollte sich dem kindlichen Blick anpassen. Kräftige Farbflächen und Kontraste werden von Kleinkindern deutlicher wahrgenommen als verschwommene Illustrationen.

Um den Kindern das Wiedererkennen der Motive zu erleichtern, sollten die Abbildungen typisch sein, also wesentliche Merkmale enthalten. Aus einem Viereck mit Fenstern, einer Haustür und einem roten Dreieck als Dach wird so ein Bilderbuchhaus.

Die Motive

Prinzipiell sind beim Bilderbuch wie bei anderen Kinder- und Jugendbüchern der Themenauswahl keine Grenzen gesetzt. Es empfiehlt sich, Motive aus der kindlichen Erfahrungswelt zu wählen, weil sich Kinder bevorzugt mit den Dingen beschäftigen, die sie kennen und einordnen können. Vor allem die Gegenstände des täglichen Umgangs eignen sich, zum Beispiel Spielzeug, Gebrauchsgegenstände, Tiere und Pflanzen.

Das unterstützt auch die Spracherziehung. Kindern fällt es leichter Begriffe zu erlernen, die ihnen im Alltag begegnen und die sie benennen können.

Kinder in diesem Alter können Handlungszusammenhänge oder Aussageabsichten noch nicht erkennen und verstehen. Die einzelnen Abbildungen werden lediglich unter ein Motto gestellt, das oft den Titel des Buches bestimmt. Zwei Beispiele zur Verdeutlichung: „Alle meine Tiere“ oder „Im Badezimmer“.

Eine Ausnahme bildet hier das Szenenbilderbuch, das von Bild zu Bild eine kleine Handlung aufbaut, um das Herstellen von Sinnzusammenhängen zu trainieren. Szenenbilderbücher sind selten Bilderbücher ohne Text, sie gehören vielmehr in die Kategorien der Bilderbücher mit geringem oder gleichwertigem Textanteil.

Bilderbücher mit geringem Textanteil

Format und Material

Das klassische Bilderbuch. Es sind meist gebundene dicke Papptafeln, die in verschiedenen Formaten verlegt werden. Die Größe der Ausgaben hängt von dem Detailreichtum und der Art der Abbildungen ab und folgt der simplen Regel: Je mehr zu sehen ist, desto größer das Buch.

Die Abbildungen

Je älter die Zielgruppe, desto komplexer können die Abbildungen sein. Als Illustrator begibt man sich auf eine Gratwanderung: Auf der einen Seite sollten die Abbildungen kindgerecht sein, aber auf der anderen die Zöglinge auch nicht unterfordern. Hier verläuft die Grenze zwischen Büchern, die Kinder mögen, und denen, die ihre Eltern für pädagogisch sinnvoll halten.

Die Grenzziehung ist nicht eindeutig, aber für die Erhellung der formalen Möglichkeiten sinnvoll. Auf der Seite der Kinder gilt das, was man als Comic-Prinzip bezeichnen könnte: Bilder, die sich durch Stereotypie, Flächigkeit und Buntfarbigkeit auszeichnen. Hier gibt es keine formalen Experimente, das starre und somit gut wiedererkennbare Kindchenschema der Figuren bleibt ungebrochen und ist in eine immer gleiche Idylle eingebunden.

Auf der pädagogischen Seite liegt die Erkenntnis, dass das Bildersehen entwicklungs- und förderungsfähig ist. Man möchte den Kindern beibringen, kompliziertere Darstellungen zu entschlüsseln, verschobene Perspektiven zu erkennen, von abstrakten Bildern auf konkrete Erfahrungswelten zu schließen oder auf die Feinheiten naturalistischer Darstellungen zu achten. Am sinnvollsten ist es, ein ausgewogenes Verhältnis zwischen beiden Erwartungen herzustellen.

Warum essen die meisten Kinder am liebsten rot verpackte Fruchtzwerge? Dinge, die leuchtende Farben haben, heben sich gut vom Hintergrund ab und können deshalb besser erkannt werden. Um den Blick des Kindes zu schulen, sollte die Farbgestaltung nach und nach an Komplexität und Tiefe gewinnen. Auch die emotionale Wirkung der Farben wird von Kindern wahrgenommen und sollte mitbedacht werden. Helle Illustrationen wirken freundlich und vermitteln Geborgenheit, während dunkle Farbtöne einen geheimnisvollen oder gefährlichen Eindruck erwecken können.

Die Motive

Die Themen, die sich in Bilderbüchern finden, sind so unterschiedlich wie die Kinder die sie anschauen. Folgende Übersicht dient dazu, einen Überblick über die gängigen Motive zu gewinnen.

Märchen, Kinderlieder und Gedichte

Die Besonderheit beim Märchenbilderbuch liegt in der verkürzten Erzählung einer eigentlich viel längeren Geschichte. Im Text werden die wichtigsten Etappen der Handlung vollzogen, während die Illustrationen Details wie Personenzeichnung, Interieur oder Atmosphäre darstellen. Da die Märchen meist bekannt sind, können die Geschichten von den Kindern auch ohne einen Vorleser „gelesen" werden. Wenn man dies erreichen möchte, ist es sinnvoll, sich eng an die allgemein bekannte Märchenvorlage zu halten. Informationen zu den inhaltlichen Besonderheiten oder dem Aufbau eines Märchens, finden sich im anschließenden zweiten Kapitel: „Märchen und andere Vorlesegeschichten".

Eine ähnliche Reaktion lösen Bücher aus, die Lieder oder Gedichte verarbeiten. Auch hier sind die Texte schon bekannt oder, falls nicht, schnell erlernbar. Kinder haben einen instinktiven Zugang zu Rhythmen und Reimen, und die Formen und Inhalte lassen sich gut merken. In pädagogischer Hinsicht macht es Sinn, Listen- oder Zählgeschichten in die Verse einzubinden. So lernen Kinder spielend das Zählen, die Wochentage oder die Uhrzeit.

Realistische Bilderbuchgeschichten

Man könnte sie Welterklärungsgeschichten nennen. Der Alltag, die Natur oder das Leben der Erwachsenen werden aufgegriffen und dargestellt. Beliebt sind Themen aus der direkten Erfahrungswelt der Kinder: das Zubettgehen, im Kindergarten, bei den Großeltern oder ähnliches. Das Interesse bei den Kleineren liegt vor allem bei schönen und harmoniebetonten Geschichten, in denen sich das Zusammenleben freundlich gestaltet. Konflikte und Probleme werden in den wenigsten Büchern thematisiert.

Diese Erzählungen unterstützen die Entwicklung des Gerechtigkeitssinnes und dienen gleichzeitig als Lebenshilfe. Am Beispiel der Figuren der Geschichte können kindliche Sehnsüchte, Bedürfnisse oder Sorgen verarbeitet werden. Deshalb sollte man darauf achten, dass immer auch ein Lösungsvorschlag am Ende des Buches steht.

Besonderes Fingerspitzengefühl ist bei brisanten Themen wie Scheidung oder Tod gefordert. Der Autor sollte sich bewusst machen, dass solche Bücher meist für Kinder gekauft werden, die ganz konkret mit einer schmerzhaften oder angsterzeugenden Verlusterfahrung konfrontiert sind. Diese Bücher sollen trösten und über die Krisen der Kinder hinweghelfen. Dabei sollten die Probleme jedoch nicht verharmlost oder verschwiegen, sondern durchaus erwähnt werden. Durch die Verwendung von Metaphern oder Übertragungen, zum Beispiel in die Tierwelt wie auch im folgenden Abschnitt beschrieben, kann man sich behutsam solchen Themen nähern.

Fantastische Bilderbuchgeschichten

Eine Mischung aus Märchen und realistischen Erzählungen sind fantastische Bilderbuchgeschichten. Beide Elemente werden so miteinander verbunden, dass sie als einheitliche Handlungsebene wahrgenommen werden. Das Verhältnis kann dabei entweder ausgewogen sein oder man gibt einer Komponente den Vorzug.

Die Themenauswahl beschränkt sich, im Gegensatz zum Märchen, hauptsächlich auf das Jetzt und Hier. Durch irreale Einschübe wird normales Alltagsgeschehen plötzlich zu einem spannenden Abenteuer, in dem alles wunderbar erscheint. Ein beliebtes Motiv sind anthropomorphisierte, also vermenschlichte Tiere. Ein Hasenkind will morgens nicht in den Hasengarten oder ein Maulwurfjunges hat Angst im Dunkeln einzuschlafen. Im Prinzip sind die Themen der Erfahrungswelt der Kinder angepasst, nur aus der Sicht von Tierkindern erzählt. Durch die Verlagerung der Perspektive gewinnen die Geschichten an Gestaltungskraft und spiegeln den Kindern gleichzeitig ihr Verhalten wider, ohne dass die dahinter stehende pädagogische Absicht zu deutlich wahrnehmbar ist.

Verzauberte Gegenstände wie magische Steine oder Fabelwesen lassen sich auch in Alltagshandlungen einbinden. Die daraus entstehende Diskrepanz zwischen Realität und Fantasie beinhaltet gleichzeitig die Möglichkeit, Witz und Humor in die Geschichte einfließen zu lassen.
Unter den unzähligen Möglichkeiten Fantasie und Realität zu verknüpfen, soll eine letzte nicht unerwähnt bleiben. Der

Traum hat in Kinderbüchern schon immer eine zentrale Rolle gespielt. Er ist ein idealer Rahmen, um fantastische Elemente in eine reale Geschichte zu integrieren. In ihm ist alles möglich, und da er durch das Aufwachen zeitlich begrenzt ist, gibt es jedes Mal einen Weg zurück in die Wirklichkeit.

Sachbilderbücher

Entsprechend der pädagogischen Forderung, möglichst früh die Ausbildung der Kinder zu beginnen, verbinden Sachbilderbücher Illustrationen und die Vermittlung von Wissen. Thematisch gibt es keine Grenzen. Alles was interessant scheint, ob Tiere, Pflanzen, Berufe, Land- oder Stadtleben, kann aufgegriffen und erklärt werden. Der Autor sollte darauf achten, dass die Informationen verständlich bleiben und nicht zu umfangreich oder abstrakt sind.

Bei solchen Büchern, deren Ziel es ist, Wissen zu vermitteln, sollte überlegt werden, wie dieses Wissen appetitlich verpackt sowie schablonenhafte Erklärungen und Wiederholungen vermieden werden können. Es empfiehlt sich deshalb, trockene Informationen in eine spannende Geschichte einzubetten.

In einem Bilderbuch illustriert nicht die Abbildung den Text, sondern der Text die Abbildung. Der inhaltliche Schwerpunkt liegt demnach bei den Bildern und wird durch den Text lediglich benannt oder ergänzt. Er dient als Anregung, visuelle Reize in Sprache zu übersetzen. Der Umfang des Textes liegt je nach Zielgruppe und Inhalt bei fünfhundert bis zweitausend Zeichen.

Bei diesem geringen Umfang liegt es nahe, dass es eher darum geht, Sachverhalte zu erklären, statt komplexe Spannungsbögen zu konstruieren. Kinder können ab einem gewissen Alter Handlungszusammenhänge erkennen und verstehen.

Die klassische Struktur eines literarischen Textes besteht aus Anfang, Spannungssteigerung, Höhepunkt, Spannungsabfall und Ende. Am Beispiel von „Rotkäppchen" soll diese Struktur etwas bildlicher dargestellt werden. Der Anfang hat deskriptiven, also beschreibenden Charakter. Er stellt die Hauptpersonen, den Ort und die Zeit der Handlung vor, damit der Leser oder Betrachter sich leichter in der Geschichte zurechtfindet. Im Bilderbuch reicht es, die Namen der wichtigsten Figuren kurz zu nennen, da sich ihr Aussehen, ihr Charakter und ihre Umwelt in den Illustrationen widerspiegeln sollten. Man lernt die Hauptperson kennen, erfährt von ihrer Vorliebe für rote Kleidung und weiß, dass sie mit ihren Eltern im Dorf, nahe dem Wald wohnt. Bis hierhin ist im Grunde nichts passiert, erst jetzt setzt die eigentliche Handlung ein. Rotkäppchen macht sich mit Kuchen und Wein auf den Weg zur Großmutter. Indem der Leser durch die Warnung der Mutter, Rotkäppchen solle nicht vom Weg abkommen, auf die möglichen Gefahren des Waldes aufmerksam gemacht wird, baut sich erste Spannung auf. Sie wird gesteigert, als Rotkäppchen dem Wolf begegnet, der listig das Mädchen nach dem Haus der Großmutter fragt und es, um Zeit zu gewinnen, auf die Blumen im Wald aufmerksam macht. Die Szene, in welcher der Wolf die Großmutter verschlingt, ist ein erster gruseliger Höhepunkt. Danach kommt die Passage, in der Rotkäppchen im Hause der Großmutter ankommt und sie fragt, warum sie so große Ohren, Augen, Hände und ein so großes Maul habe. Eigentlich wirkt diese Stelle durch die Verzögerung der Handlung spannungssteigernd, aufgrund ihrer Formelhaftigkeit kann sie aber von fast allen Kindern mitgesprochen werden und hat deshalb einen entspannenden Charakter. Die Katastrophe ist erreicht, als der Wolf auch noch das Rotkäppchen auffrisst. Die Auflösung und mit ihr der verbundene Abfall der Spannung ist die Entdeckung des Wolfes im großmütterlichen Haus und die Befreiung von Oma und Enkel aus dem Bauch desselben. Mit der Vernichtung des Tieres und der glücklichen Wiedervereinung der Familie schließt das Märchen mit dem obligatorischen guten Ende.

Der Aufbau bleibt die ganze Zeit über geradlinig und überschaubar, es gibt keine überflüssigen Informationen oder verwirrende Nebenhandlungen. Ebenso eindeutig wie die Handlung sollte die Sprache der Geschichte sein. Es empfiehlt sich nicht, Kinder mit schwierigen Begriffen, mehrdeutigen Worten oder komplizierten Satzkonstruktionen zu überfordern. Wenn man die Dinge einmal beim

Namen genannt hat, bleibt man am besten bei diesen Bezeichnungen. Auch wenn Wortwiederholungen häufig eine stilistische Schandtat sind, in Bilderbüchern sind sie erlaubt. Dabei sollte die Sprache selbst nicht kindlich werden, es geht nicht darum, die Ausdrucksweise von Kindern zu imitieren, sondern um einen sorgfältigen, verständlichen, einfachen Stil.

Leseempfehlungen:

Eric Carle: „Die kleine Raupe Nimmersatt"
Maurice Sendak: „Wo die wilden Kerle wohnen"
Luis Murschetz: „Der Maulwurf Grabowski"

Bilderbücher mit gleichwertigem Text

Format und Material

Die Materialien und Größen dieser Bilderbücher variieren stark und reichen von kleinen Pappbüchern bis hin zu großformatigen Hardcover-Ausgaben. Je älter die Zielgruppe ist, desto umfangreicher können diese Bücher ausfallen.

Die Abbildungen

War es bei den vorangegangenen Bilderbüchern so, dass der Text die Abbildung erklärt hat, ergänzen sich jetzt Illustrationen und Text gegenseitig. Sie zeigen zwei verschiedene Seiten einer Sache.

Die bisherige Schlichtheit der Abbildungen, die den Kindern die Welt erklären und verständlich machen sollte, wird nun durch Vielfalt und Bedeutungsreichtum ersetzt. Mit zunehmendem Alter erkennen Kinder die Aussagen hinter der Oberfläche, können Symbole deuten und Stimmungen wahrnehmen.

Mit neuen Techniken und Strukturen kann diese Wahrnehmung gefordert werden. Neben den ublichen gemalten oder gezeichneten Illustrationen sind es Scherenschnitte, Kollagen, verschiedene Druckverfahren (z.B. Holz- oder Linolschnitt, Siebdruck Lithografien, Radierungen) oder Fotografien, die als Gestaltungsmittel eingesetzt werden.

Der Vielfalt der technischen Mittel entspricht die Vielfalt der künstlerischen Gestaltungsmöglichkeiten. Da der erklärende Zeigefinger wegfällt, erübrigt sich die Konzentration auf das Typische in der Darstellung. Die Illustrationen können sich vom Expressionismus genauso inspirieren lassen wie von Pop-Art oder Graffiti, sie können ornamental, konkret oder abstrakt sein. Die einzige Forderung, der sie Genüge tun müssen, ist, dass sie dem Inhalt entsprechen und mit dem Text eine untrennbare Einheit bilden.

Die Motive

Die Gewichtsverlagerung von der Erklärung hin zur Erzählung bringt eine größere Freiheit in der Themenwahl mit sich. Es geht nicht darum, zu zeigen wie die Dinge heißen oder was sie können, sondern um die Geschichten, die sie erzählen. Es haben sich im vorigen Abschnitt verschiedene Motivstränge herauskristallisiert, die weiter ausgearbeitet werden können.

Zentral werden zudem ethische Fragen: Was ist richtig und was falsch? Was ist gut und was böse? Die meisten Kinder identifizieren sich mit Helden, die den richtigen Weg wählen und das Gute wollen. Trotzdem – und das liegt an den großen Vorbildern dieses Genres: „Max und Moritz“ und dem „Struwwelpeter“ – präsentieren sich viele Themen in moralisierendem Gewand. Dass Kindern das nicht gefällt, wussten schon Wilhelm Busch und Heinrich Hoffmann, die ihre erzieherischen Absichten hinter einem Augenzwinkern, überzeichneten Figuren und einer unglaubwürdigen Strafpädagogik versteckten.

Der Handlungsaufbau und die Erzählweise

Hier entsteht aus Wort und Bild eine untrennbare Einheit. Die Geschichte erschließt sich aufgrund der Beziehung zwischen Text und Illustration, beide können nicht losgelöst voneinander betrachtet werden. Die unterschiedlichen Aussagemittel spiegeln verschiedene Seiten einer Sache wider und erzeugen so eine polyperspektivische Sicht auf das Dargestellte.

Es gibt zwei Möglichkeiten, die Handlung aufzubauen. In der üblichen Form entsprechen sich Bild und Wort, das bedeutet Text und Illustration beziehen sich auf denselben Abschnitt innerhalb der Geschichte. Die Alternative ist ein alternierender Aufbau. Hier entwickelt sich die Handlung des Buches abwechselnd aus Bild und Text. Die Strukturen lassen sich auch vermischen, so könnten zum Beispiel Textteile in das Bild integriert oder einzelne Buchstaben selbst zur Abbildung werden.

Die eigentliche Textstruktur sollte trotzdem einfach gehalten werden. Am Anfang sollten die Leser die Figuren kennen lernen, mit denen sie sich dann gemeinsam in ein großes Abenteuer stürzen.

Wie bei „Max und Moritz" oder dem „Struwwelpeter" können auch mehrere Geschichten in einem Band zusammengefasst werden. Meist verbinden die Hauptfiguren (wie bei „Max und Moritz") oder das Hauptthema (wie beim „Struwwelpeter") die einzelnen Geschichten miteinander.

Ähnlich wie die Illustrationen kann auch die Sprache anspruchsvoller werden, aber sie sollte klar und anschaulich bleiben. Statt philisterhafter Erklärungen sollten anschauliche Darstellungen, die den Gegenstand möglichst genau treffen, bevorzugt werden. Auch hier können Reime und Wiederholungen als Stilelemente eingebracht werden.

Leseempfehlungen:

Wilhelm Busch: „Max und Moritz"
Heinrich Hoffmann: „Der Struwwelpeter"
Florance Parry Heide und Edward Gorey: „Schorschi schrumpft"

2. *Märchen und andere Vorlesegeschichten*

Wer kennt sie nicht? Dornröschen oder Rotkäppchen, Kalif Storch oder Zwerg Nase, Sterntaler oder den standhaften Zinnsoldaten? Seit Generationen werden Kindern Märchen erzählt oder vorgelesen, denn sie gehören zu den ältesten und schönsten Stoffen der Kinderliteratur.

Im folgenden Kapitel soll nicht allein auf die Märchen eingegangen werden, sondern auf Vorlesebücher allgemein. Die meisten Vorlesegeschichten folgen vom Aufbau und der Struktur her den Märchen, sie unterscheiden sich lediglich in der Motivauswahl. Aus diesem Grund soll in diesem Abschnitt mit den Strukturmerkmalen begonnen und die Motive erst im zweiten Teil behandelt werden.

Der Handlungsaufbau und die Erzählweise

Aufgrund ihrer ursprünglichen mündlichen Überlieferung haben Märchen einen gut einprägsamen und einfachen Handlungsaufbau. Der Ablauf folgt im Prinzip immer dem gleichen Muster: Die Hauptfigur muss aus einer Notsituation heraus ihr Heim verlassen, um ein oder mehrere Abenteuer zu bestehen. Nach erfolgreicher Lösung der Aufgabe wird der Protagonist belohnt und lebt von nun an in einem Schloss oder kehrt in seine Heimat zurück. Dabei umfassen die Erzählungen kaum mehr als ein paar Seiten, sind leicht verständlich und haben einen betont bildhaften und anschaulichen Stil, was sie bei Kindern besonders beliebt macht. Dieser Aufbau wird von zahlreichen Vorlesebüchern übernommen und nur geringfügig variiert.

Das wesentliche Strukturmerkmal des Märchens und der Vorlesegeschichte ist die Eindimensionalität, sowohl Handlung als auch Figuren unterliegen ihr. Der Aufbau bleibt stets linear, die Ereignisse werden streng chronologisch erzählt, und es finden weder Vor- noch Rückblenden statt. Der Leser bleibt fast immer bei der Hauptfigur, deshalb gibt es kein Nebeneinander der Schauplätze. In den meisten Geschichten weiß der Leser nicht, was im Wald oder im Schloss vor sich geht, wenn der Protagonist gerade die Rätsel einer Fee löst. Ausgenommen die Ein- und Ausgangsformel im Märchen, wird die Umwelt hauptsächlich aus der Sicht des Helden erzählt, ohne Wechsel in der Erzählperspektive oder einen Kommentar des Erzählers.

Die Erzählungen folgen einer strengen Ökonomie, nichts passiert grundlos, alle Gegenstände, Figuren und Motive dienen dazu, die Handlung voranzutreiben. Es herrscht eine enge Relation von Zweck und Mittel. Der Protagonist erhält nie eine falsche Gabe oder ein unpassendes Hilfsmittel, sondern immer genau dass, was er braucht, um seine Aufgaben zu bestehen. Dem entspricht, dass die Figur keine Entscheidungsfreiheit hat, es eröffnen sich ihr keine Alternativen, zwischen denen sie sich entscheiden muss. Es existiert nur ein Weg und der führt zwangsläufig zum Happy End.

Das Wunder gehört wesentlich zum Märchen, ist aber für die Figuren so selbstverständlich wie die Sonne am Tag und der Mond in der Nacht. Der Protagonist wird niemals über sprechende Tiere, Lebkuchenhäuser oder verzauberte Spindeln staunen. Dem entspricht, dass sich die wunderbaren Begebenheiten im Alltäglichen und

Gewöhnlichen ereignen, ein sprechender Wolf oder ein Lebkuchenhaus im Wald oder vom Himmel fallende Goldtaler.

Ein weiteres Merkmal, das das Märchen kennzeichnet, ist, dass es immer zeitlich und räumlich von der Gegenwart entfernt ist. Nicht nur, dass der Held seine Heimat verlassen muss, ein Märchen spielt immer im vergangenen „Es war einmal“ oder „In einem fernen Land“. Die Entfernung zur Gegenwart und zu konkreten Schauplätzen wird durch schematisierte Handlungsorte wie zum Beispiel das Schloss, die Hütte, den Wald oder den Brunnen unterstrichen. Bei Vorlesegeschichten kann das ebenso der Fall sein, aber hier bietet sich die Alternative der zeitlichen und örtlichen Nähe an, wobei das Modell der Schematisierung grundlegend bleibt.

Ein typisches Merkmal des Märchens, das auch oft von Vorlesegeschichten kopiert wird, sind Wiederholungen. Der Held muss drei Aufgaben bestehen, die nach dem gleichen Prinzip funktionieren. Drei Anläufe braucht der Wolf, bis ihn die Geißlein hereinlassen, drei Versuche die Königin, bis Schneewittchen unrettbar scheint. Das Prinzip der Wiederholung wird auch auf sprachlicher Ebene aufgegriffen. Formelhafte Passagen wie die gängige Einleitung „Es war einmal.“ oder der Schlusssatz: „Und wenn sie nicht gestorben sind, dann leben sie noch heute.“, werden wortwörtlich wiederholt. Diese Sätze lassen leicht erkennen, dass es sich um ein Märchen handelt. Daneben finden sich zahlreiche Wiederholungen von Beschwörungs- oder Merkversen wie Rumpelstilzchens: „Ach wie gut, dass niemand weiß, dass ich Rumpelstilzchen heiß!“ oder die Spiegelbeschwörung der bösen Königin: „Spieglein, Spieglein an der Wand, wer ist die Schönste im ganzen Land?“, die sich leicht einprägen lassen und deshalb von den Kindern oft mitgesprochen werden. Ein Prinzip, das auch in Vorlesebüchern häufig zu finden ist.

Die Sprache in den alten Märchen und den neueren Vorlesegeschichten ist stets einfach und allgemeinverständlich, Fremdwörter oder komplizierte Satzkonstruktionen kommen in der Regel nicht vor. Aufgrund des bildhaften und klaren Stils ist diese Erzählweise der kindlichen Vorstellung besonders nahe.

Die moralischen Botschaften sind eher schlichter, aber grundlegender Natur: Die Guten werden immer belohnt, die Schlechten immer bestraft. Die Strafen in den klassischen Märchen sind allerdings aufgrund ihrer Grausamkeit pädagogisch umstritten. Ob in kindgerechten Erzählungen in glühenden Schuhen bis zum Tod getanzt werden muss oder die Antagonistin mit Pech übergossen werden sollte, darüber lässt sich streiten. Dessen ungeachtet ist die Bestrafung der Bösen ein wesentlicher Bestandteil des Märchens. In heutigen Gutenachtgeschichten wird auf derartige Grausamkeiten verzichtet. Hier ist zum einen die Trennung zwischen Gut und Böse nicht so zentral wie im Märchen und zum anderen finden Bestrafungen, wenn überhaupt, in deutlich abgemilderter Form statt.

Mit der Unkompliziertheit des Aufbaus oder der Moral stimmt die Eindimensionalität der Charaktere überein. Die Figuren im Märchen und in der Vorlesegeschichte zeichnen sich eher durch äußere Merkmale als durch seelische Tiefe aus. Gelegentlich erhalten sie gewisse Attribute wie ein rotes

Mäntelchen oder ebenholzfarbenes Haar, manchmal eindeutige äußere oder geistige Merkmale. Diese finden dann oft Eingang im Namen des Protagonisten. Besonders bei sprechenden Namen wie zum Beispiel Rumpelstilzchen oder Schneewittchen wird das sinnfällig. Auch Berufsbezeichnungen – wie beim tapferen Schneiderlein oder der Gänsemagd – finden sich häufig im Märchen. Daneben findet man lautmalerische Namen wie Frau Holle, bei denen der Leser schon durch den Klang gewisse Vorstellungen verbindet. Mit den Namen der Figuren erschöpft sich oftmals schon die Charakterzeichnung, die allenfalls durch allgemeine Eigenschaften wie schön und liebenswürdig, tapfer oder feige, klug oder naiv, groß oder klein ergänzt wird.

Die Motive im Märchen

Ein in Märchen häufig anzutreffendes Motiv ist der Gegensatz zwischen Gut und Böse, wobei das Gute zumeist als Sieger aus diesem Konflikt hervorgeht. Die Ausgestaltung dieses Gegensatzes beruht auf bestimmten Stereotypen, die immer neu variiert werden.

Der Hauptcharakter ist immer auf der guten Seite. Er ist ein tapferer Königssohn, eine schöne Königstochter, manchmal ein frommer Held oder eine sittsame Heldin. Neben dem Protagonisten treten auch weitere typische Gestalten auf. Auf der einen Seite stehen die Gegner wie die missgünstige Stiefmutter, die böse Hexe, der furchtbare Zauberer oder der gefährliche Riese. Auf der anderen Seite gibt es die Helfer und Ratgeber, wie etwa gute Feen oder fleißige Zwerge. Und nicht zuletzt gibt es die Figur, die durch Befreiung, Entzauberung oder Rückverwandlung errettet wird. Eine besondere Rolle spielen Tiere, die sowohl als Helfer als auch als Gegner auftreten. Sie können im Märchen denken, sprechen und handeln wie Menschen, und sie entsprechen den Erwartungen des Lesers beziehungsweise ihren traditionell zugesprochenen Eigenschaften: Der Wolf ist böse, der Fuchs schlau, die Eule klug und das Reh zutraulich.

Zurück zum Helden. Er ist oft mit einer besonderen Eigenschaft oder Gabe ausgestattet, die weniger der Charakterzeichnung als der Motivation der Handlung dient. So ist die Schönheit Schneewittchens der Ausgangspunkt für den Konflikt mit der Königin oder Hans im Glück nur auf Grund seiner Naivität glücklich. Einige dieser Merkmale ermöglichen den Figuren, die ihnen gestellten Aufgaben zu lösen und der guten Sache zu ihrem Recht zu verhelfen, zum Beispiel die Schlauheit des gestiefelten Katers, durch dessen List der böse Zauberer besiegt wird.

Die gängigen Herausforderungen einer Märchengestalt sind unter anderem: Wilde Tiere zu überleben, sich mit Drachen, Hexen oder Zauberern zu messen, Rätsel zu lösen, verzauberte Menschen zurückzuverwandeln oder Gefangene zu befreien. Ist die Aufgabe gelöst, bekommt der Held eine Belohnung: den Prinzen oder die Prinzessin als Ehepartner, das halbe Königreich oder überhaupt Reichtum, ein glückliches Leben bis zum Tod oder die Erfüllung von drei Wünschen.

Es fällt auf, dass die Motive im Märchen relativ beschränkt sind. Es variiert und kombiniert die gleichen Elemente immer wieder neu und versieht sie lediglich mit neuen Attributen. Zwar konzentrierte sich der vorherige Abschnitt vor allem auf die deutschen Volksmärchen, aber auch in nordischen oder orientalischen Märchen findet man zahlreiche Themen und Motive wieder.

Leseempfehlungen:

Jakob und Wilhelm Grimm: „Die Märchen der Brüder Grimm“
Karl Karst (Hrsg.): „Die schönsten Märchen aus 1001 Nacht“
Alexander N. Afanasjew: „Russische Volksmärchen“

Auch das Kunstmärchen bleibt motivisch dem Volksmärchen treu, hebt sich von diesem allerdings durch einen eleganteren Sprachstil und eine kunstvollere Ausgestaltung ab. So werden die Charaktere oder Handlungsorte detailgetreuer dargestellt und die moralischen Botschaften treten nicht so unvermittelt zutage wie im Volksmärchen. So entführt Wilhelm Hauff seine Leser in den bunten und schillernden Orient, Hans Christian Andersen beschreibt das Wunderbare des Alltäglichen in einer knappen, präzisen Sprache und mit feiner Ironie, und Oscar Wilde besticht durch einen symbolistischen und formvollendeten Stil.

Leseempfehlungen:

Wilhelm Hauff: „Die Karawane“, „Der Scheich von Alexandria“, „Das Wirtshaus im Spessart“
Oscar Wilde: „Das Gespenst von Canterville“, „Das Granatapfelhaus“, „Der glückliche Prinz“
Hans Christian Andersen: „Märchen“

Gerade weil sich das Märchen aus einer beschränkten Anzahl von Bausteinen zusammensetzt, die jeder kennt, eignet es sich hervorragend als Vorlage für Parodien. Dabei werden gängige Figuren, Motive und Formen des Märchens beibehalten und mit modernen Elementen vermischt. Eine Alternative bietet eine neue Kombination typischer Inhalte aus unterschiedlichen Märchen. In vielen Parodien treten beide Varianten gleichzeitig auf.

Leseempfehlungen:

Peter Rühmkorf: „Der Hüter des Misthaufens“
Iring Fetscher: „Wer hat Dornröschen wachgeküsst?“
Walter Moers: „Ensel und Krete“

Ähnlich wie im Kunstmärchen wenden sich neue Märchen von der durchgängigen Eindimensionalität des klassischen Märchens ab. Die Charaktere sind durchdachter, Ort und Zeit der Handlung verlieren ihre Unbestimmtheit oder philosophische Probleme werden angerissen, statt Gut und Böse kategorisch zu trennen. Dadurch verlieren die Märchen zwar ihre Einfachheit, gewinnen jedoch an Bedeutungstiefe.

Leseempfehlungen:

Antoine de Saint-Exupéry: „Der Kleine Prinz“
Ottfried Preußler: „Die kleine Hexe“
Michael Ende: „Der satanarchäolügenialkohöllische Wunschpunsch“

Die Motive in Vorlesegeschichten

Vorlesebücher sind häufig Anthologien, also Sammlungen ausgewählter Texte verschiedener Autoren, die ein gemeinsames Thema verbindet. Es gibt Gutenachtgeschichten, Tiergeschichten oder altersgerechte Alltagsabenteuer. Derzeit findet man auch Vorlesebücher, deren Texte auf eine bestimmte Länge begrenzt sind wie Zehn-Minuten-Geschichten und dergleichen. Für unbekannte Autoren bietet sich hier eine gute Möglichkeit, erste Texte zu veröffentlichen.

Leseempfehlungen:

Jella Lepman: „Die schönsten Gute-Nacht-Geschichten“
Alan Alexander Milne: „Pu der Bär“
Selma Lagerlöf: „Nils Holgerssons wunderbare Reise“

Neben den Anthologien findet man kindgerechte Nacherzählungen von Mythen oder Sagen. Sie beziehen sich auf Vorlagen, die dem klassischen Bildungsgut entstammen. In der abendländischen Kultur ist die wichtigste dieser Vorlagen die Bibel, die nicht allein im Hinblick auf religiöse Fragen bedeutsam, sondern auch als Ausgangspunkt des christlichen Denkens wesentlich für ein adäquates Verständnis westlicher Kunst- und Gesellschaftsformen ist. Die Schöpfungsgeschichte, die Sintflut und Arche Noah, Jona im Wal oder die Gleichnisse aus dem Neuen Testament eignen sich durch ihre anschauliche Bildhaftigkeit, um die jüdisch-christliche Tradition zu vermitteln.

Leseempfehlungen:

Irmgard Weth: „Neukirchner Kinder-Bibel“
Ulises Wensell, Thomas Erne: „Die große Ravensburger Kinderbibel“
Sabine Rahn: „Die Kinderbibel zum Vorlesen“

Auch die klassischen Sagenstoffe können als Vorlage für Kinderbücher dienen. Besonders fünf Stoffe finden in Bearbeitungen immer wieder Eingang in die Kinderliteratur:

1. Die antiken Helden- oder Göttersagen, besonders die Erschaffung des Menschen durch Prometheus und seine Strafe, weil er ihnen das Feuer brachte; die zwölf Arbeiten des Herakles; die Argonautensage über Jason und das Goldene Vlies; der Kampf um Troja oder die Irrfahrten des Odysseus.

Leseempfehlungen:

Gustav Schwab: „Die schönsten Sagen des klassischen Altertums“
Auguste Lechner: „Ilias“, „Die Abenteuer des Odysseus“

Richard Carstensen (Hrsg.): „Griechische Sagen“, „Römische Sagen“

2. Die nordischen Mythen und germanischen Sagen, deren Einflüsse vor allem in der Fantasy-Literatur deutlich hervortreten. Dabei sind es weniger Nacherzählungen der Götter- oder Heldenlieder, sondern vielmehr die Typen und Strukturen, die aufgegriffen und weiterverarbeitet werden. Beliebt sind neben den Nachahmungen der Götterfiguren vor allem die Wesen der Natur wie Riesen, Zwerge, Elfen und Geister, aber auch der Lindwurm, eine Art Drachen. Daneben gibt es zahlreiche mythische Gegenstände wie Ringe, Schätze, Schwerter, Tarnkappen und Zaubertränke, die man auch in den Märchen wiederfindet.

Leseempfehlungen:

Edmund Mudrak (Hrsg.): „Nordische Götter- und Heldensagen“
Hertha Kratzer: „Die Nibelungen“
Auguste Lechner: „Parzival“, „Die Nibelungen“

3. Britanniens Artussage, beginnend bei der Erziehung des Helden durch Merlin über die Besteigung des Throns, nachdem Artus das Schwert Excalibur aus einem Stein gezogen hat bis hin zu den Rittern der Tafelrunde und deren Suche nach dem Heiligen Gral.

Leseempfehlungen:

Hertha Kratzer: „König Artus“
Edmund Jacoby: „Wer war König Artus?“

3. *Erstlesebücher*

Lesen lernen ist mühsam, das Buchstabieren der einzelnen Wörter langwierig und anstrengend. Es ist deshalb nicht verwunderlich, dass die meisten Schulanfänger keine Lust haben, ein Buch in die Hand zu nehmen, um Buchstabe für Buchstabe dessen Inhalt zu entschlüsseln. Damit Kinder die Freude an Büchern nicht verlieren, folgen die ersten Lesebücher bestimmten Regeln, die den Übergang vom Buchstabieren zum Lesen erleichtern sollen.

Das Format

Dicke Bücher wirken auf leseunwillige Kinder zusätzlich abschreckend. Dünnere Bände, bei denen das Textpensum leicht zu bewältigen erscheint, haben eine bessere Chance, diese Hürde zu überwinden.

Um das buchstabierende Lesen zu erleichtern, ist ein großer und schlichter Schrifttyp besser geeignet als eine kleine verschnörkelte Schrift. Für Leseanfänger bieten sich zudem Texte an, bei denen die Substantive durch Bilder, so genannte Vignetten, ersetzt werden. Das könnte so aussehen: Paule liest ein 🕮. Bei Büchern ohne Vignetten wird der Text durch Illustrationen aufgelockert und in kleine Sinnabschnitte gegliedert.

Die einfache Struktur der Lesebücher spiegelt sich oft in einer inhaltlichen Simplizität wider. Das führt dazu, dass Schulanfänger intellektuell unterfordert sind. Diese Unzulänglichkeit lässt sich mit einer interessanten Themenwahl ausgleichen.

Die Neigung des Schulkindes, seine Umgebung sachbezogen und wirklichkeitsnah zu erfassen, spiegelt sich in der Vorliebe für realistische Themen wider. Die Familie, Geschwister oder Freunde, die Schule oder der Park sind Motive, die Kindern bekannt sind und ihre eigene Erfahrungswelt bestätigen und ergänzen.

Etwas kleiner wird das Lesepublikum, wenn man sich auf individuelle Interessen konzentriert, schon aus dem Grund, weil hier die Vorlieben von Jungen und Mädchen stärker divergieren. Sind für Jungen eher Cowboys und Autos interessant, lesen Mädchen lieber Bücher über Pferde oder das Ballett. Das klingt nach einem Klischee, aber in einer Buchhandlung findet man immer wieder Bücher, die diese Themen aufgreifen.

Märchenhafte Inhalte sind in Erstlesebüchern selten, denn für Märchen fühlen sich Erstklässler schon zu groß oder zu erwachsen. Fantastische Geschichten sind hingegen durch die Konfrontation von fiktiver und realer Welt im Aufbau zu komplex, als dass sie für Erstlesebücher geeignet wären.

Aber egal, für welches Thema man sich entscheidet, das Buch wird nur gelesen werden, wenn es spannend erzählt ist.

Der Handlungsaufbau und die Erzählweise

Der Text muss der Verständnisfähigkeit und der Lesefertigkeit des Publikums entsprechen. Folglich bleibt die Struktur sehr einfach. Hier bieten sich kurze Geschichten oder Sammlungen kurzer Erzählungen in einfacher Sprache und Grammatik an. Um die Aufmerksamkeitsspanne der Kinder nicht zu überfordern, ist es ratsam, längere Texte in Kapitel oder geschlossene Sinnabschnitte einzuteilen.

Empfehlenswert ist ein geradliniger, leicht überschaubarer Handlungsaufbau, der auf die wesentlichen Elemente konzentriert bleibt. Komplexe Verschachtelungen wie kunstvoll eingebundene Nebenhandlungen oder integrierte Rückblenden sind nach dem Grundsatz der Einfachheit zu vermeiden. Kinder bevorzugen eine unvermittelte, handlungsorientierte Darstellung von Inhalten. Statt Beschreibungen und Erklärungen, Abstraktionen und Systematisierungen gilt es, die Figuren selbst aktiv werden zu lassen. Um den Text lebendiger zu gestalten, bietet sich als Zeitform das Präsens an. Durch die Gegenwartsform befindet sich der Leser in unmittelbarer Nähe zum Geschehen. Daneben bleibt die Satzstruktur einfach, da auf Konstruktionen mit Hilfsverben (haben, sein und werden) weitgehend verzichtet werden kann.

Die Ausdrucksweise muss den Fähigkeiten der unsicheren Leser angemessen sein. Zahlreiche Erstlesebücher ähneln aus diesem Grunde dem so genannten Telegrammstil. Dabei wird der Text auf die unbedingt nötigen Wörter reduziert und überflüssige Begriffe oder ausgedehnte Beschreibungen gestrichen. Die Bezeichnungen selbst sollten inhaltlich leicht verständlich und gut lesbar sein. Ein Wort wie Unterwasserlaboratorium wird die meisten Erstleser überfordern. Zusammengesetzte Ausdrücke und Fremdwörter sind deshalb genauso zu vermeiden wie Metaphern oder Allegorien, die zu sehr vom eigentlichen Lesevorgang ablenken.

Leseempfehlungen:

Paul Maar: „Der Buchstabenfresser“
Cornelia Funke: „Die schönsten Erstlesegeschichten“
Hanneliese Schulze: „Die unheimliche Nacht“

4. *Abenteuerbücher*

Jugendliche sind voller Erlebnishunger, sehnen sich nach der Fremde oder wollen sich im eigenen Leben und im sozialen Umfeld bewähren. Der Schulalltag und das Familienleben bieten allerdings nicht den Rahmen, um knifflige Rätsel zu lösen, sich aus aussichtslosen Lagen zu befreien oder gegen gefährliche Feinde anzutreten. Die Beschreibung außergewöhnlicher Situationen und Gefahren, wie sie in der Abenteuerliteratur typisch ist, dient vor allem der Befriedigung des jugendlichen Erlebnisdrangs in einer überwiegend geordneten und überschaubaren Umwelt.

Die Motive

Die Abenteuerliteratur ist eines der thematisch reichhaltigsten Genres innerhalb der Kinder- und Jugendbuchliteratur. Dabei sind die einzelnen Themen nicht immer eindeutig voneinander abzugrenzen, verschiedene Abenteuerromane greifen auf ähnliche Muster und Motive zurück. Dennoch sollen im Folgenden die zentralen Inhalte kurz dargestellt werden.

Abenteuer in fernen Ländern

Viele Abenteuerromane verdanken ihre Vielfalt der Beschreibung ferner Länder und fremder Völker. Die nordamerikanische Prärie, der brasilianische Urwald, die afrikanische Sahara oder arktische Eislandschaften bilden sowohl den Hintergrund als auch die Motivation der Handlung. Die Auseinandersetzung mit dem Unbekannten ist in vielfältiger Art und Weise bearbeitet worden. Geschichten über Entdeckungen neuer Kontinente, kriegerische Eroberungen oder wissenschaftliche Erkundungsreisen entführen den Leser an die schönsten und aufregendsten Orte der Erde.

Im Zentrum steht der reisende und entdeckende Held, der eine Reihe von ungewöhnlichen, gefährlichen oder heiteren Begegnungen erlebt. Der exotische Zauber und die ungewohnte Atmosphäre des Neuen dienen als Folie für die Darstellung des inneren Reifeprozesses der Hauptfigur. Fühlt sich der Held anfangs in Hinblick auf die eigene kulturelle Prägung überlegen, relativiert sich diese Einstellung nach der Auseinandersetzung mit den Völkern oder der Begegnung mit den Naturgewalten. Im Vordergrund steht der Gegensatz zwischen der eigenen Sozialisation, also der kulturellen und gesellschaftlichen Prägung und alternativen Lebens- oder Gesellschaftsentwürfen. Der äußere Konflikt, ausgelöst durch die Begegnung mit der Fremde, wird zu einem inneren und führt so zu einer kritischen Auseinandersetzung mit der eigenen Existenz.

Wesentlich häufiger findet man in der Kinder und Jugendliteratur den von Entwicklungstendenzen weitgehend freien dokumentarisch erscheinenden Reise- oder Erfahrungsbericht. Hier steht die realistische Beschreibung unentdeckter oder weitgehend unbekannter Gebiete im Vordergrund. Die atmosphärisch dichten Schilderungen seltsam aussehender Menschen, unheimlich wirkender Pflanzen oder gefährlicher Insekten verleihen den Erzählungen einen geheimnisvollen Glanz. Spannung wird in zahlreichen, aneinander gereihten Einzelepisoden aufgebaut, in denen äußere Bedrohungen durch Menschen, Tiere, Krankheiten, Nahrungsmangel oder Naturkatastrophen im Vordergrund stehen. Es empfiehlt sich, den Spannungsbogen nicht zu überdehnen. Themen wie Freundschaft, unerwartete Rettung, glückliche Zufälle oder komische Ereignisse lassen dem Leser Zeit, kurz Luft zu holen, um sich dann in das nächste Abenteuer zu stürzen.

Leseempfehlungen:
Jonathan Swift: „Gullivers Reisen"
Jules Verne: „Reise um die Erde in 80 Tagen"
Wolfgang Korn: „Die Weltreise einer roten Fleeceweste"

Ozeane, Piraten und einsame Inseln

Dem ersten Thema eng verbunden sind Seegeschichten. Piratenschiffe, Kanonen, Augenklappen, Papageien und Schatzkarten auf der einen, die Suche nach neuen Seewegen oder die Waljagd auf der anderen Seite.

Eine besondere Spannung kann man als Autor schon aus dem eingeschränkten Aktionsrahmen entwickeln. Ein Schiff auf See ähnelt einem Gefängnis, nur dass sich in der Regel die Mannschaft freiwillig einfindet. Strenge Kapitäne, beengte Kajüten, schlechtes Essen, gefährliche Seemänner, und wenn man einmal angeheuert hat, gibt es so schnell kein Entkommen. Enger Raum, begrenztes Personal und der Abstand von der Zivilisation bieten hervorragende Möglichkeiten, um dramatische Konflikte darzustellen.
Neben der inneren Dramatik sind die äußeren Gefahren der Grund, dass Seeabenteuer so beliebt sind. Die aufbrausende

See, gefährliche Stürme, angreifende Piraten und geheime Schätze zählen zum Standardinterieur.

Piratengeschichten werden oft als eine Mischung zwischen Anarchie und totalitärem System dargestellt. Zwischen Saufgelagen und Trinkliedern, Überfällen auf reiche Handelsschiffe und der Jagd nach verborgenen Schätzen steht ein despotischer, angsteinflößender, einbeiniger, augenbeklappter Kapitän, der einen Papagei auf der Schulter trägt. Das Durcheinander zwischen der Freiheit, sich ungewaschen und fluchend über sämtliche gesellschaftlichen Konventionen hinwegzusetzen, und der absoluten Kontrolle durch einen diktatorischen Kapitän finden sich so nur in Seefahrerabenteuern. Die Wildheit dieses Lebens wird deshalb fast immer indirekt durch die Perspektive eines unwillentlich an Bord geratenen Erzählers geschildert. Die jugendlichen Leser können sich so einfacher mit dem Erzähler identifizieren und die beschriebenen Matrosen und Piraten gleichzeitig als abschreckend und beeindruckend erleben.

Weniger klischeehafte und dafür realistischere Darstellungen finden sich in der Beschreibung der Entdeckungsreisen oder der Jagd auf See. Auch hier stehen große Abenteuer, Mut und Willenskraft im Vordergrund, aber sowohl Personal als auch der Handlungsort werden detailgenauer und glaubwürdiger dargestellt. Der Grund dafür liegt in der historischen Faktizität des Beschriebenen. Teilweise waren die Verfasser selbst an Seefahrten beteiligt, oder die Autoren orientierten sich an den Aufzeichnungen berühmter Seefahrer. Hier stehen vor allem naturalistische

Beschreibungen der Meere und der schwierigen Situation an Bord im Vordergrund.

Eine besondere Form des Seeabenteuers stellen die Robinsonaden dar. Entsprechend der literarischen Vorlage, Defoes „Robinson Crusoe“, verschlägt es hier den Helden in eine Exklave fernab jeglicher Zivilisation. Meist sind es Inseln, aber prinzipiell können auch andere geografische Gebiete infrage kommen, maßgeblich ist die Isolation des Helden von menschlichen Kulturgesellschaften. Aus der Zurückgeworfenheit auf eine ursprunghafte Anfangssituation und dem Versuch, die neue Umgebung urbar zu machen, entwickeln sich notwendig zahlreiche Einzelepisoden: Beschaffung von Trinkwasser und Nahrung, Errichtung einer Unterkunft, Jagd, Begegnung mit Einheimischen und dergleichen. Auf einer Metaebene setzen sich Robinsonaden auch mit Themen wie der Überlegenheit der Natur gegenüber der Vernunft auseinander.

Leseempfehlungen:

Herman Melville: „Moby Dick“
Robert Louis Stevenson: „Die Schatzinsel“
Daniel Defoe „Robinson Crusoe“

Indianergeschichten

Eine Mischform aus historischer Abenteuerliteratur und den Büchern über Endeckungsreisen und fremde Länder sind Indianergeschichten. Die Pionierzeit in Nordamerika, das

Leben und der Kampf der Indianer und Siedler, werden von Jungen bevorzugt gelesen.

In den ersten Darstellungen der Indianer war nicht viel vom edlen, stolzen Naturmenschen zu lesen. Wild, ungebildet und unzivilisiert, schien es geradezu eine Rettung, dass Einwanderer Vernunft und Kultur in die Prärie brachten.

Doch das Bild änderte sich schnell. In der folgenden Zeit trat vor allem die idealisierte Darstellung der Indianer in den Vordergrund. Als aufrechter, unverdorbener und ursprünglicher Naturmensch, der im Einklang mit seiner Umwelt lebt, besitzt er eine ursprünglichere Weisheit und dadurch auch eine Überlegenheit gegenüber dem weißen Mann. Vor solch einer idealisierten Darstellung wirkt das Leid der Vertreibung und des Untergangs besonders tragisch. Aber nicht nur kriegerische Auseinandersetzungen, sondern auch die Freundschaft zwischen Rot- und Weißhäuten wird gerne thematisiert. Besondere Spannung entwickelt sich aus der Darstellung der verschiedenen Sichtweisen aufgrund der jeweiligen Sozialisation. Dazu kommen äußere Spannungselemente wie das vereinte Überstehen von Gefahren oder der Kampf gegen einen gemeinsamen Gegner.

Moderne Indianergeschichten verzichten weitgehend auf eine Überhöhung und Idealisierung ihrer Figuren. Ihnen geht es vielmehr um eine realistische Darstellung der geschichtlichen Hintergründe und eine sorgfältige und detailreiche Beschreibung der indianischen Kultur. So sind Marterpfahl, Friedenspfeife und Federschmuck nicht mehr nur Beiwerk und Illustration, sondern werden in ihrer kulturellen und gesellschaftlichen Bedeutung dargestellt.

Dazu gehört auch eine Auseinandersetzung mit indianischen Märchen und Mythen, die sich als eigenständige Erzählung in den Abenteuerroman integrieren lassen.

Leseempfehlungen:

James Fenimore Cooper: „Der letzte Mohikaner"
Karl May: „Der Schatz im Silbersee"
Liselotte Welskopf-Henrich: „Die Söhne des Großen Bären"

Von Menschen und Tieren

Die emotionale Nähe, die viele Kinder Tieren entgegenbringen, machen Tierabenteuer zu einer beliebten Lektüre. Hinzu kommt, dass durch die Beispielhaftigkeit der Tiergeschichten oftmals ein besseres Verständnis für die eigene Existenz gewonnen wird. Anhand der exemplarischen und gut erfassbaren Lebensweise der Tiere können Kinder und Jugendliche grundlegende Werte für ihr eigenes Leben entdecken.

Meist sind es Tiere, die als Hauptfiguren auftreten. Ob Hunde oder Katzen, ob Fische oder Vögel, ob einheimische oder exotische Geschöpfe, fast alle Tierarten waren schon einmal Held in einem Kinderbuch.

Spielt das Abenteuer in der Natur, beginnt oft ein harter Kampf um die eigene Existenz: die Suche nach Nahrung, der Schutz des Nachwuchses oder die Bedrohung durch andere Tiere. Durch den Einsatz von Kraft, List und Mut stellen sie sich den gefährlichen Situationen und werden so zu

Charakteren, die den Menschen nicht unähnlich sind. Viele Autoren sind deshalb bemüht, die Tiere möglichst naturgetreu darzustellen und ihr Verhalten dem naturgemäßen Wesen anzupassen: was sie fressen, wie sie sich bewegen oder wo sie leben. Spätestens jedoch, wenn Tiere anfangen, darüber nachzudenken, wie sie dem Jäger entkommen oder wie sie am besten den Wurm fangen, wird es schwierig, denn man weiß einfach nicht, wie oder was Tiere denken und muss auf die menschliche Logik zurückgreifen. Aus der daraus entstehenden Diskrepanz zwischen menschlichen und tierischen Charakterzügen können sich sowohl spannende als auch komische Situationen ergeben. Einige Tiergeschichten machen die Not zur Tugend, indem sie ihre Helden sogar überdeutlich mit menschlichen Charakterzügen ausstatten. In betont realistischer Abenteuerliteratur findet man solche Ansätze allerdings selten.

Das Dilemma liegt in der Erzählperspektive. Deshalb werden auch viele Abenteuer mit Tieren nicht aus Perspektive des Tieres, sondern aus der eines Menschen beschrieben, der entweder ein Tier jagt oder mit ihm zusammenlebt. Das Thema der Jagd bietet eine Fülle von spannenden Elementen wie Vorbereitung, Pirsch, Verfolgung, Angriff und Gegenangriff, aber auch die Möglichkeit, die Natur zu beschreiben und zu erklären, während der Jäger das Tier verfolgt.

Leben Mensch und Tier zusammen, sind die Tiere oft Freund und Helfer, setzen sich mutig für ihr Herrchen ein und begleiten es in schwierigen Situationen. Von einer sentimentalen Darstellung tierischer Treue dem Menschen gegenüber ist jedoch abzuraten, zu leicht verfällt man hier in Klischees und verniedlichende Darstellungen. Spannender und interessanter ist für Kinder und Jugendliche sicherlich die Ausgestaltung der Konflikte zwischen Domestikation und Natürlichkeit oder zwischen Anpassung und tierischem Instinkt.

Leseempfehlungen:

Rudyard Kipling: „Das Dschungelbuch“
Craighead George: „Julie von den Wölfen“
Jack London: „Wolfsblut“

Vergangene Zeiten

Nicht nur in der Kinder- und Jugendliteratur, auch bei den Erwachsenen erfreuen sich historische Romane zurzeit höchster Beliebtheit. Von der Urzeit bis zur Antike, vom Mittelalter bis zur Aufklärung findet man fast alle Epochen in Kinderbüchern verarbeitet. Die fremde Umgebung, die die Vergangenheit bietet, ist Ausgangspunkt für zahlreiche bildhafte Beschreibungen und wissenswerte Erklärungen. Im Abenteuerbuch ist darauf zu achten, die pädagogische Vermittlung historischen Wissens nicht in den Vordergrund zu stellen. Vielmehr sollten die geschichtlichen Informationen als Hintergrund des Geschehens oder zur Entwicklung der Handlung eingesetzt werden. Im Gegensatz zum Sachbuch stehen im Abenteuerroman die Figuren im Vordergrund, während die Fakten das Kolorit bilden. Sie werden indirekt, anhand der Aufgaben, des Aussehens, Charakters und Denkens des Helden erzählt. Besondere

Dynamik entwickelt sich aus der Gegenüberstellung von Identifikation, also Situationen und Gefühlen, die dem Leser vertraut sind, und der Fremdartigkeit des historischen Alltags.

Die Hauptfigur muss keine bekannte historische Persönlichkeit sein. Viele Kinder und Jugendliche finden es interessanter, von Menschen zu lesen, die selbst nur am Rande großer politischer, wissenschaftlicher oder kultureller Veränderung standen. Das Leben des Galilei, Dantons Tod oder Mozarts Reise nach Prag sind Stoffe, die eher der Erwachsenliteratur als der Kinderliteratur zuzuordnen sind. Wenn man dennoch große Ereignisse und Menschen der Geschichte schildern möchte, empfiehlt es sich, dies nicht aus einer sachlichen Erzählperspektive heraus, sondern aus der Sicht von Kindern oder Jugendlichen tun: einem Schüler Michelangelos, einem Kammermädchen am Hofe Ludwigs XIV. oder einem Straßenjungen in Revolutionszeiten. So lassen sich anhand der persönlichen Erlebnisse des Helden geschichtliche Fakten spannend darstellen, ohne dass sich der Leser in den Geschichtsunterricht zurückversetzt fühlt.

Leseempfehlungen:

Rosemary Sutcliff: „Der Adler der neunten Legion"
Dietlof Reiche: „Der Bleisiegelfälscher"
Rainer M. Schröder: „Die Lagune der Galeeren"

Zukünftige Zeiten

Durch den aktuellen Fantasy-Boom ist das Interesse an Science-Fiction-Literatur erheblich geringer geworden. Utopische Romane gehören aber nach wie vor zum klassischen Repertoire der Abenteuerliteratur.

Wie die literarische Bezeichnung sagt, sind in der Science-Fiction-Literatur wissenschaftliche Hypothesen der Ausgangspunkt, um politische, gesellschaftliche, kulturelle und technische Verhältnisse einer zukünftigen Welt zu beschreiben. Anknüpfend an den aktuellen physikalischen, chemischen, biologischen oder technischen Forschungsstand wird eine denkbare Zukunft entworfen und ausgestaltet, die wissenschaftlich plausibel und einleuchtend erscheint. Konstruierte Begriffe und pseudowissenschaftliche Erklärungen sind deshalb mit Vorsicht einzusetzen oder gänzlich wegzulassen, denn diese findet man eher im Bereich der trivialen Heftchenliteratur.

Der Großteil der utopischen Literatur spielt in den unendlichen Weiten des Weltraums. Gefährliche Raumfahrten, ferne Galaxien oder extraterrestrische Lebensformen sind das, was man sich im Allgemeinen unter Science-Fiction vorstellt. Es sind die bunten Beschreibungen von bedrohlichen Landschaften, merkwürdiger Flora und noch merkwürdigerer Fauna oder Außerirdischen in allen Formen und Farben, die die Fantasie der Leser anregen und den Reiz dieser Bücher ausmachen. Oftmals kommt es zu kämpferischen Auseinandersetzungen mit fremden Lebewesen, die entweder das Raumschiff, einen strategisch wichtigen Planeten oder die heimatliche Erde angreifen. Eine andere Möglichkeit der Bedrohung sind kosmische Mächte, die anhand ihrer außergewöhnlichen Fähigkeiten versuchen, Macht über den Geist oder den Körper der Menschen zu erlangen. Besondere dramatische Spannung wird durch die Schilderung der menschlichen Probleme und Konflikte in solchen Situationen erzielt, gleichzeitig gewinnen so die Figuren an Glaubwürdigkeit und Tiefe.

Ebenso wie Weltraumabenteuer gehören alternative Realitäten zur Science-Fiction-Literatur. Die zukünftige Situation auf der Erde in politischer, ökonomischer und ökologischer Hinsicht ist Inhalt verschiedenster Visionen, die von der atomaren Katastrophe über streng kontrollierte Massengesellschaften bis hin zur völligen Automatisierung des Alltags reichen. Oftmals sind Gesellschaftskritik an totalitären Systemen, die Warnung vor blindem Fortschrittsglauben oder die zunehmende Bedrohung der Umwelt Motivationen hinter diesen Geschichten. Es ist jedoch in Kinderbüchern ratsam, die Zukunft nicht allzu düster erscheinen zu lassen und eventuelle pädagogische Absichten hinter einem spannungsreichen Geschehen zu verbergen.

Leseempfehlungen:

Jules Verne: „Reise zum Mittelpunkt de Erde“
Charlotte Kerner: „Blueprint – Blaupause“
Andreas Schlüter: „2049“

Der Aufbau der Abenteuerliteratur muss zunächst eines sein: spannend. Die Handlung muss so dynamisch gestaltet werden, dass der Leser das Buch keinen Moment aus der Hand legen will. Wodurch kann man seine Leser fesseln? Wechselnde Schauplätze, zahlreiche Figuren und verschiedene Aufgaben oder Hindernisse lösen einander ab und bieten eine vielfältige Erlebniswelt.

Entscheidend für den Spannungsaufbau ist das Erzähltempo. Dabei geht es nicht darum, durch das Abenteuer hindurchzurauschen; Spannung baut sich vor allem durch den Wechsel innerhalb der Erzählgeschwindigkeit auf. Langsame, beschreibende oder reflektierende Passagen sind genauso notwendig wie schnelle, handlungsorientierte, unmittelbare oder konfliktreiche Abschnitte. Auch die sprachliche Diktion kann als spannungsteigerndes Element eingesetzt werden. Strukturen, bei denen sich schlichte Hauptsätze oder einfachen Satzkonstruktionen aneinanderreihen wirken temporeicher als komplizierte Satzbauwerke oder Bandwurmsätze.

Auch im wechselnden Einsatz entgegengesetzter Motivebenen spiegelt sich die Modulation des Erzähltempos wider. Durch die sich abwechselnden Folgen von Chance und Bedrohung, Freundschaft und Feindschaft oder Problem und Lösung variieren langsames und schnelles Erzähltempo. Erzeugen Episoden über Freundschaft oder Reflexionen über Lösungsansätze eine ruhigere Atmosphäre, steigern sich Tempo und Spannung durch bedrohliche Zwischenfälle,

Konfrontationen mit dem Gegenspieler oder im Moment der Konfliktlösung. Dabei entwickelt sich die Handlung im Abenteuerroman nicht geradlinig, sondern verwickelt sich immer wieder neu durch Umwege oder überraschende Wendungen. Durch diese abwechslungsreiche Struktur bildet der Abenteuerroman einen Gegenpol zur Gleichförmigkeit und Vorhersehbarkeit des Alltags.

Auch der Gesamtaufbau des Abenteuerromans vollzieht sich nicht in einer großen, abgeschlossenen Handlung, sondern besteht vielmehr aus einer lockeren Folge relativ selbstständiger, in sich geschlossener Geschichten oder Kapitel. Um die Struktur etwas komplexer zu gestalten, kann man die einzelnen Geschichten durch Kommentare und Querverweise aufeinander beziehen oder sie in eine allumfassende Rahmenhandlung einbetten. Diese folgt einem schlichten Aufbau: Verlust der Eltern, Auszug aus der Heimat, Heldentat und ruhmreiche Rückkehr.

Solchen wechselnden und unvorhersehbaren Situationen ist nur eine außergewöhnliche Hauptfigur gewachsen. Der Großteil der Abenteuerliteratur hat eine zentrale Heldenfigur, die aktiv die ihr gestellten Aufgaben bewältigt. Sie zeichnet sich durch überlegene Tatkraft und außerordentliche Prinzipientreue aus. Die zumeist existentielle Bedrohung, der sie ausgesetzt ist, verlangt all ihre Kraft – sowohl geistig als auch körperlich. Die Hauptfigur bleibt jedoch immer im Rahmen des menschlich Möglichen, ihre Fähigkeiten sind zwar außergewöhnlich und bewundernswert, aber nicht übermenschlich.

Gelegentlich adaptiert der Abenteuerroman auch Elemente der Entwicklungsliteratur, dann nämlich, wenn der Held am Anfang der Geschichte noch arglos oder naiv erscheint, jedoch durch die Bewältigung der Probleme schließlich zu innerer Reife und Festigkeit gelangt.

5. *Kriminalgeschichten*

Das Genre der Kriminal- oder Detektivgeschichten für Kinder und Jugendliche ist eine relativ junge Gattung. Es entstand als Äquivalent zu den Mädchenbüchern, und man findet tatsächlich eine Reihe von Übereinstimmungen zwischen beiden Gattungen. Sie haben beide eine Tendenz zur trivialen Unterhaltungsliteratur, und beide erscheinen bevorzugt in Serien oder zumindest als fortlaufende Einzelerzählungen. Wie der folgende Abschnitt zeigen wird, sind die Unterschiede doch weitgehender als die Gemeinsamkeiten und vor allem finden sich unter den Lesern nicht nur Jungen.

Die Motive

In Kriminalgeschichten geht es um die Aufdeckung eines Verbrechens. Die Bandbreite der Delikte reicht von kleineren Gaunereien bis hin zu Straftaten wie Diebstählen, Betrug, Schmuggel, Entführungen oder sogar Mord.

Im Vordergrund der Handlung steht oft nicht ein einzelnes Kind, sondern gleich eine ganze Gruppe von Kindern und Jugendlichen, die unbehelligt von Eltern oder anderen Erwachsenen einem Verbrechen auf der Spur sind. Die Struktur der Gruppe ist hierarchisch aufgebaut, es gibt fast immer einen Anführer, dem alle anderen Mitglieder folgen. So bleibt die Gruppe von inneren Konflikten verschont, es gibt weder Neid noch Streit, niemand wird zurückgesetzt oder ausgeschlossen. Sollte es doch einmal zu Spannungen kommen, bleiben diese in der Regel episodenhaft und lösen sich schnell und ohne Auswirkung für das weitere Miteinander auf.

Die Zeichnung der Personen bleibt ohne psychologische Tiefe und ist ihrer Rollenfunktion innerhalb der Gruppe angepasst. Verstärkt wird die stereotype Wirkung der Charaktere durch die eindeutige Trennung von Gut und Böse, entweder sind die Figuren anständig oder das genaue Gegenteil: Abstufungen zwischen Weiß und Schwarz sucht man vergebens. Im Allgemeinen weiß der Leser so innerhalb weniger Sätze, mit wem er es zu tun hat.

Die durch und durch positiven und überlegenen Helden bieten ein hohes Identifikationspotential. Dazu dient neben der Möglichkeit, unter den Gruppenmitgliedern einen Favoriten auszuwählen auch ihre klischeehafte Gestaltung: ein starker und mutiger Anführer, ein überdurchschnittlich intelligenter Bücherwurm, ein freundlicher Dicker, ein hübsches Mädchen, der freche Jüngste oder ähnliche Stereotype. Während es im Abenteuerroman nur einen Helden gibt, spalten sich in der Detektivgeschichte körperliche, charakterliche und intellektuelle Überlegenheit auf mehrere Personen auf. In den Büchern, die als Serie erscheinen, wird jede Weiterentwicklung der Figuren unterbunden. Schließlich kennt der Leser seinen Helden und will ihn auch in allen Büchern wiedererkennen. Das führt dazu, dass die einzelnen Abenteuer keine Spuren bei den Helden hinterlassen, jedes Buch fängt quasi bei Null an. Dies ist einer der Unterschiede zur Mädchenliteratur: Hier entsprechen die einzelnen Bände den jeweiligen Entwicklungsstufen der Hauptdarstellerin.

Für den Handlungsort lassen sich zwei entgegengesetzte Tendenzen ausmachen. Zum einen die Großstadt mit ihren schillernden Plätzen, großen Straßen, riesigen Einkaufstempeln, U-Bahnen und anonymen Menschenmengen. Zum anderen die ländliche Idylle und deren nähere Umgebung mit geheimnisvollen Ruinen, Burgen oder Schlössern, finsteren Wäldern und dunklen Höhlen. Je nach Wahl des Ortes lassen sich so die Handlungen betont realistisch darstellen oder mit einem mysteriösen Touch versehen. Im Gegensatz zur Abenteuerliteratur bleiben die Schauplätze wirklichkeitsnah, es sind Städte oder Dörfer, in denen der Leser prinzipiell leben, zur Schule gehen und sich mit Freunden treffen könnte.

Der Handlungsaufbau und die Erzählweise

Im Unterschied zur klassischen Detektivgeschichte, die sich in der Regel mit der Aufklärung eines bereits verübten Verbrechens befasst, ist es bei den Kinderbüchern oft die unmittelbare Beobachtung eines Vergehens, die die Handlung auslöst. Das erklärt sich aus der Tatsache, dass Kinder nicht damit beauftragt werden, kriminelle Machenschaften aufzudecken. Daneben gibt es die Möglichkeit, dass die Jungdetektive von dritten Personen oder aus der Zeitung von Verbrechen erfahren, diese ist allerdings seltener zu finden.

Aus dem Einsatz der Erzählung durch die direkte Beobachtung entwickelt sich ein spezifischer Handlungsaufbau. Statt der Sicherung von Beweisen, des Verhörs von Verdächtigen, der Konstruktion des Tathergangs oder der

Analyse eines möglichen Motivs sind es Observationen, Verfolgungsjagden oder gefährliche Konfrontationen mit dem Täter, die die Handlung bis zum Showdown vorantreiben. Die Betonung liegt weniger auf der logischen Durchdringung der Tatumstände, sondern auf dem aktiven Handeln und der unmittelbaren Auseinandersetzung mit dem Täter.
Kämpfen die Kinder und Jugendlichen bis dahin auf eigene Faust, trifft zeitgleich mit oder kurz nach der Stellung des Täters regelmäßig die Polizei ein, um den Übeltäter dingfest zu machen. Gerade dass die Kinder bis zum Ende auf sich allein gestellt bleiben, macht die Bücher so beliebt. Das selbstständige, von der Welt der Erwachsenen gesonderte Agieren der Kinder, ist verbunden mit der Illusion, selbst schon erwachsen zu sein. Kinder finden es faszinierend, wenn sie sich wie Erwachsene verhalten können und dieselben Freiheiten und Möglichkeiten wie sie für Eltern oder Lehrer selbstverständlich sind haben.

Um diese Rollenverschiebung aufrechtzuerhalten, tendiert in einigen Büchern die Darstellung der jugendlichen Fähigkeiten oftmals zu Übertreibungen, oder es werden äußere Umstände, Gefahren oder Konflikte verharmlost abgebildet. Aber Kinder werden nicht einfach nur als kleine Erwachsene dargestellt, sie erscheinen auch häufig als die besseren Erwachsenen. Die realen Erwachsenen werden, wenn sie denn einmal vorkommen, vorwiegend negativ gezeichnet. So sind in fast allen Fällen Kinder niemals selbst an Verbrechen beteiligt, der Täter stammt immer aus der älteren Generation. Ein ähnlich trübes Licht fällt auf die Rolle der Polizei, die es ohne die Kinder niemals schaffen würde, den Täter dingfest zu machen. Eine Ausnahme bilden lediglich eine Handvoll Bezugspersonen wie Eltern, einzelne Lehrer oder ältere Freunde.

In fast jedem Kriminalroman, und das gilt insbesondere für Kinderkrimis, folgen die Ereignisse streng kausal aufeinander. Durch die schrittweise Auflösung des Falls teilen Figuren und Leser immer das gleiche Wissen, logische Sprünge oder fehlende Zusammenhänge werden deshalb als extrem störend empfunden.

Da im Zentrum der Handlung die jugendlichen Helden stehen, findet man in der sprachlichen Ausdrucksweise häufig für Teenager typische Wendungen oder umgangssprachliche Elemente. Besonders in der wörtlichen Rede lässt sich die jugendliche Redeweise problemlos einsetzen. Überhaupt sind wörtliche Rede oder kurze Dialogpassagen gerade in Kriminalerzählungen oft eingesetzte stilistische Mittel. Sie ziehen den Leser direkt in das Geschehen hinein, können aber auch zur Spannungssteigerung führen. Das einfachste Beispiel hierfür ist: „Hilfe!“

Das Mittel, Spannung allein dadurch entstehen zu lassen, dass man den Affekt schlicht benennt, anstatt ihn zu erzeugen, ist zwar wirksam aber ungeschickt. Indem man sagt, eine Figur habe sich sehr erschreckt oder gerade in diesem Moment ganz furchtbare Angst oder fühle sich von etwas bedroht, soll dieses Gefühl auf den Leser übertragen werden. Das Prinzip lässt sich auch für Passagen, die witzig sein sollen anwenden, indem man zum Beispiel beschreibt, wie die Charaktere vor Lachen laut losprusten oder sich den Bauch halten. Solche Hilfsmittel sind legitim, es ist jedoch besser, die Spannung innerhalb der Textstruktur durch plötzliche und unerwartete Wendungen, so genannte retardierende Momente, aufzubauen.

Leseempfehlungen

Erich Kästner: „Emil und die Detektive“
Astrid Lindgren: „Kalle Blomquist“
Diverse Autoren: „Die drei ???“

6. *Fantasy*

Eine moderne Untergattung der fantastischer Literatur ist die Gattung der Fantasy-Bücher, wobei im englischsprachigen Raum Fantasy jede Art von Literatur bezeichnet, die fiktiv, also erfunden ist; in deutschsprachigen Ländern hingegen bezeichnet der Begriff ein Genre, dessen zentrales Motiv die Beschreibung einer Gegenwelt zur Realität ist.

Derzeit gehört Fantasy zu den beliebtesten Genres innerhalb der Kinder- und Jugendliteratur. Die Popularität wird gezielt durch Verfilmungen und cleveres Marketing gesteigert. Es gibt vom Computerspiel bis zur Bettwäsche fast alles zu kaufen, was die Herzen der Fans höher schlagen lässt.

Ein Grund für den Erfolg dieses Genres liegt darin, dass es dem Leser die Möglichkeit bietet, in eine völlig andere Welt einzutauchen, in der fernab aller Alltagssorgen der wahre Kampf zwischen Gut und Böse entschieden wird. Nicht zuletzt fasziniert es Kinder und Jugendliche, Insiderwissen erwerben zu können. Durch die Gestaltung einer fiktiven Welt und deren Vokabular können sich die Leser Spezialkenntnisse aneignen, die sie von den Erwachsenen abheben und auszeichnen.

Die Motive

In der Fantasy-Literatur gibt es wie im Märchen ein zentrales Thema: Der Kampf zwischen Gut und Böse. Der Konflikt wird in einer fiktiven Welt ausgetragen, die sich deutlich von der realen unterscheidet. Übernatürliche Kräfte, märchenhafte Gestalten und magische Gegenstände gehören zum Standardinterieur des Fantasy-Romans. Dabei findet man sowohl Rückgriffe auf alte Mythen, Märchen oder Sagen als auch Neuschöpfungen. Vor diesem Hintergrund entwickelt sich eine Reihe von Motiven, die in fast allen Romanen dieses Genres zu finden sind. Dazu gehören:

Die Gestalten

Die Vielzahl der unterschiedlichen Wesen verlangt sowohl deren Beschreibung als auch ihre Positionierung bezüglich der guten oder bösen Seite. Zur Charakterisierung gehören neben Aussehen und Fähigkeiten auch Religion, Gesellschaftsform oder kulturelle Errungenschaften. Dabei werden stereotype Muster aufgegriffen: Zwerge leben unter der Erde und sind handwerklich begabt; Riesen leben im Gebirge, sind naiv, können ihre Kräfte nicht beherrschen und neigen zu Gewalt; Elfen und Feen sind zarte Wesen, deren besondere Naturverbundenheit oft als Überlegenheit gegenüber dem Menschen dargestellt wird.

Durch die klischeehafte Zeichnung der einzelnen Gestalten kann der Leser bereits am äußeren Erscheinungsbild erkennen, mit welcher Seite sie symphatisieren. Die Gleichung ist simpel: hässliche Wesen sind böse, schöne sind gut. Anspruchsvollere Fantasy-Romane vermeiden jedoch diese Klischees, indem sie differenziertere Charaktere zeichnen und innere Widersprüche oder Konflikte aufzeigen.

Die Reise durch magische Welten

Wie im Märchen muss der Held auch in der Fantasy-Literatur seine Heimat verlassen und sich in fremden Umgebungen zurechtfinden. Das Motiv der Fremde wird gängigerweise in drei Etappen bearbeitet: 1. Aufbruch 2. Ankunft und Erkundung der örtlichen Gegebenheiten, 3. Anpassung und wenn dies geschehen ist, beginnt der Kreislauf wieder bei Punkt eins. Hierdurch eröffnet sich die Möglichkeit, die Anzahl der Etappen prinzipiell ins Unendliche zu erweitern – was sich im Umfang vieler Fantasy-Romane oder in deren Tendenz zu Fortsetzungen widerspiegelt.

Der Leser kann so an spannenden Reisen durch ungewohnte Gegenden teilhaben. Von magischen Wäldern mit unwirklichen Pflanzen über verzauberte Schlösser zu Seen, auf deren Grund eine versunkene Stadt liegt, oder Gebirgen, in deren Höhlen ein magisches Schwert verborgen ist, bieten die Ortsbeschreibungen einen schillernden Hintergrund für die eigentliche Handlung.

Die Suche

Eng verbunden mit dem Motiv der Reise ist das der Suche. Sie ist eine notwendige Teilstrecke zum endgültigen Kampf zwischen Gut und Böse. Gesucht werden meistens magische Gegenstände wie Schwerter, Steine, Spiegel oder Mixturen, deren Kraft für den Sieg über die dunklen Mächte unerlässlich ist. Aber nicht nur geheimnisvolle Objekte, auch verschwundene Personen oder verborgene Orte können der Gegenstand einer Suche sein.

Die Suche muss oft innerhalb eines bestimmten zeitlichen Rahmens abgeschlossen sein, entweder weil die Gegenseite zum Angriff übergeht oder weil sie selbst an der Suche beteiligt ist und kurz davor steht, das begehrte Objekt zu erreichen. Aus der letzteren Möglichkeit entsteht eine Art Wettrennen der Gegner, wodurch nicht nur Spannung aufgebaut wird, sondern durch die ungleiche Vorgehensweise der Gegner auch eine kontrastierende Charakterisierung möglich ist.

Die Verwandlungen

Ein weiteres typisches Motiv ist die Verwandlung. Dabei kann es sich im positiven Sinne um eine Verwandlung in ein höheres, besseres Wesen oder im negativen Sinne um eine Verwandlung als Bestrafung handeln. Je nachdem ist das Ziel der Handlung entweder die Verwandlung selbst oder ihre Aufhebung, das heißt die Rückverwandlung in den ursprünglichen Zustand. Daneben gibt es Figuren, die durch ihre Wandelbarkeit charakterisiert sind und verschiedene

Gestalten oder Fähigkeiten annehmen können. Hier gehört die Verwandlung zum Wesen und ist stets temporär, also zeitlich begrenzt.

Fasst man den Begriff etwas weiter, kann man auch die Entwicklung des Helden als Verwandlung betrachten. So wird aus dem schlechten Schüler ein begnadeter Zauberer, aus dem Stallburschen ein unbesiegbarer Kämpfer oder aus dem Bauern ein Adliger. Diese Entwicklung umfasst das gesamte Buch und vollendet sich in der Regel erst mit dem abschließenden Kampf.

Die Kämpfe

Der Kampf zwischen Gut und Böse, Hell und Dunkel wurde bereits als zentrales Thema benannt. Es muss zwar nicht zwingend zum Kampf kommen – auch durch überlegtes Vorgehen oder durch glückliche Umstände kann eine Entscheidung herbeigeführt werden. Oft ist das Finale jedoch eine Kampfsituation, in der beide Seiten gegeneinander antreten. Vom Duell bis zu gigantischen Schlachtszenarien sind sämtliche Kampfmöglichkeiten durchgespielt worden. Und wie auch im Märchen siegt fast immer das Gute.

Neben diesen Beispielen existieren noch eine Vielzahl weiterer Themen, wie zum Beispiel Freundschaft oder Liebe, Eifersucht oder Hass. Es bearbeiten auch nicht alle Romane alle Motive, so haben manche Bücher beispielsweise einen betont realistischen Charakter und nur hin und wieder fantastische Einsprengsel, während andere die Wirklichkeit fast vollständig ausklammern.

Es dominieren zwei prinzipiell verschiedene Möglichkeiten: Entweder die fantastische Welt ist in sich abgeschlossen und hat keinerlei Bezug zur realen Welt, oder Fiktion und Realität existieren nebeneinander und berühren sich gelegentlich; diese Form hat ihren Ursprung in der klassischen fantastischen Literatur, zum Beispiel in Vampir- oder Werwolfromanen.

Beide Varianten folgen jedoch einem ähnlichen Handlungsaufbau. Eine Figur wird unverhofft und überraschend mit einer fremden Situation konfrontiert und muss gegen das Böse antreten. Häufig wird bereits am Beginn der Erzählung durch eine Offenbarung oder Vorhersage über das Schicksal des Helden Spannung aufgebaut. Auch Leitmotive, Andeutungen und Schlüsselwörter gehören zu den stilistischen Merkmalen dieses Genres. Oftmals wird auch die Vergangenheit der Fantasy-Welt thematisiert, zum Beispiel, dass in finsterer Vorzeit schon einmal ein Entscheidungskampf stattfand, oder es wird die Entstehung interner Mythen innerhalb der Erzählung rekonstruiert. Mithilfe der fiktiven Historie erzeugt man den Eindruck epischer Tiefe und betont gleichzeitig die Relevanz der zu lösenden Aufgabe.

Ein weiteres Erkennungszeichen dieses Genres ist die Zielgerichtetheit der Handlung. Alles, was geschieht, dient einem höheren Zweck: Alle Reisen werden nur unternommen, alle Aufgaben nur gelöst, um das Gute zu bewahren, wieder herzustellen oder zu verwirklichen. Dabei wechseln sich aktive, die Handlung vorantreibende Episoden und verweilende Beschreibungen der Wesen oder Umwelt ab. Da in der Gesamthandlung mehrere Abenteuer geschildert werden können, sollten die einzelnen Episoden in sich relativ abgeschlossen sein. Ein weiteres Strukturmerkmal, das die Konzeption von Fortsetzungsromanen begünstigt. Durch die Lösung der vorangegangenen Aufgaben kommt man dem Finale zwar näher, kann es als Autor aber durch die Einführung neuer Hindernisse hinauszögern.

Speziell in Romanen für Kinder und Jugendliche ist der Handlungsträger oft selbst ein Kind oder Jugendlicher. Der Umstand, dass die Hauptfigur aus ihrem normalen Alltag überraschend in eine fantastische Welt gerät, bietet den Lesern ein hohes Identifikationspotential. Der Leser kann sich vorstellen, auch ausgewählt zu werden, um ähnliche Abenteuer zu bestehen. Die oft aufgegriffene Entwicklung vom Außenseiter zum Helden, das so genannte Aschenputtelmotiv, gibt dem Leser, der sich vielleicht als Außenseiter fühlt, das Gefühl, selbst irgendwann einmal auf der Gewinnerseite zu stehen.

Im Gegensatz zum Abenteuerroman, in dem der Held zwar stark und mutig, aber durchweg im Bereich des Menschenmöglichen bleibt, ist der Held hier durchaus mit übernatürlichen Gaben ausgestattet. Er ist besonders stark, kann sich verwandeln, zaubern oder in die Zukunft sehen. Diese Besonderheiten werden aber durch die ebenfalls mit übersinnlichen Kräften ausgestatteten Gegner relativiert, um ein möglichst spannendes und ausgeglichenes Kräfteverhältnis zu wahren.

Leseempfehlungen:

J. R. R. Tolkien: „Der kleine Hobbit"
Michael Ende: „Die unendliche Geschichte"
Cornelia Funke: „Drachenreiter"

7. Mädchenbücher

Literatur, die speziell für Mädchen verfasst oder herausgegeben wird, hat eine lange Tradition. Besonders die Backfischliteratur der Biedermeierzeit mit ihrer typischen Darstellung vom Weg junger, wohlbehüteter, bürgerlicher oder adliger Mädchen zur verheirateten Frau, prägt noch heute überwiegend die Vorstellung von Mädchenliteratur.

Die Motive

Motiviert ist Mädchenliteratur durch das Bedürfnis junger Mädchen, sich mit der eigenen Person, den eigenen Empfindungen, Meinungen und Träumen auseinanderzusetzen. Sie suchen nach Vorbildern, mit denen sie sich identifizieren und denen sie nacheifern können. Es ist deshalb nicht verwunderlich, dass fast immer Mädchen dargestellt werden, die ungefähr dasselbe Alter haben wie die Leserinnen.

Aber die Identifikation findet nicht nur anhand des Alters und des Geschlechts statt, sondern vor allem durch die sachlichen und emotionalen Probleme, mit denen sich die Heldin auseinandersetzen muss. Auf der sachlichen Ebene sind es Themen, die um die berufliche Zukunft kreisen, wie Schule, Ausbildung oder Berufswahl. Musik und Mode, Freizeit- und Konsumverhalten sind gleichermaßen zentrale Motive wie die schwer zu beantwortende Frage nach der Rolle der Frau in der Gesellschaft und Familie.
Der Schwerpunkt liegt jedoch auf emotionalen Themen. Die lesenden Mädchen wollen vor allem gefühlsmäßig angesprochen werden, emotionale Stoffe werden verlangt

und geschätzt. Von jeher ist die erste Liebe ein Bereich, den fast alle Mädchenbücher bearbeiten. Der Stoff bietet vielfältige Entwicklungsmöglichkeiten: Liebesglück und Liebesleid und die Annäherung an das andere Geschlecht. Nicht nur dieses große Thema, auch sachliche Motive, wie Generationskonflikte und Ablösungsprobleme, bleiben trotz aller Diskussionsansätze an Emotionen gebunden.

Der Handlungsaufbau und die Erzählweise

Das Mädchenbuch hat seit Mitte des vergangenen Jahrhunderts einen schweren Stand. Kritisierten Literaturwissenschaftler die triviale Form und die inhaltliche Einfallslosigkeit, ist es seit der Frauenbewegung vor allem die Darstellung veralteter Rollenvorstellungen, die angegriffen wird. Dennoch – oder gerade deshalb – bleibt die Beliebtheit von Büchern wie Emmy von Rhodens „Trotzkopf" oder Else Urys „Nesthäkchen" ungebrochen.

Innerhalb der Mädchenliteratur zeichnen sich zwei Tendenzen ab:

1. Die naive Darstellung des traditionellen Frauenbildes und dessen uneingeschränkte Befürwortung.
2. Bücher, in denen sich die Heldin von alten Vorstellungen löst und sich kritisch mit klassischen Geschlechterrollen auseinandersetzt.

Das Hauptanliegen des klassischen Mädchenbuches ist die Erziehung des Kindes zur jungen Frau durch die Vermittlung konservativer Lebensentwürfe und Tugenden. Das Schema bleibt in all diesen Büchern ähnlich: Ein unangepasstes, aufmüpfiges, eigensinniges Mädchen verwandelt sich in eine brave, junge Dame. Dabei zeichnet sich die weibliche Tugend nicht allein durch Geschicklichkeit bei Handarbeiten oder einem tadellosen äußeren Erscheinungsbild, sondern vor allem durch Gehorsam gegenüber dem Mann aus.

Die wundersame Metamorphose von der jungen Rebellin zur Dame mit Stil vollzieht sich zumeist im gesellschaftlichen Raum des klassischen Bildungsbürgertums. Der Vorwurf der Pseudowirklichkeit ist an dieser Stelle nicht ganz von der Hand zu weisen. Die schablonenhaft gezeichnete Umgebung einer gehobenen Schicht ohne existentielle Probleme erinnert eher an märchenhafte Zustände denn an ein realistisches Gesellschaftsbild.

Auch die Heldinnen solcher Bücher bleiben stereotyp: verspielt, romantisch und naiv. Die Entwicklung vom Mädchen zur Frau wird nicht als innerer Reifungsprozess, sondern als eine Folge äußerer Umstände dargestellt. Die Hauptfigur wird einer Reihe von Scheinproblemen ausgesetzt, die sich ohne fassbare Eigenleistung, allein durch Glücksfälle in Wohlgefallen auflösen. Das Happy End entlässt sie dann in eine konfliktfreie Traumwelt als geliebte Ehefrau und sorgsame Mutter oder – in moderneren Versionen – als Spitzensportlerin, Tänzerin, Sängerin, Schauspielerin oder Supermodel.
Es geht weder um die glaubhafte Darstellung von Konfliktbewältigungen noch um die Entwicklung psychologisch ausgearbeiteter Charaktere, sondern einzig um die Befriedigung von Fantasievorstellungen und Wunschbildern in trivialer Form. Auch wenn die Kritik an derartigen

Büchern durchaus berechtigt ist, sind sie nicht völlig zu verdammen. Indem sie das Bedürfnis nach sozialen Bindungen befriedigen und ein durchgängig positives Zukunftsbild entwerfen, kommen sie dem Wunsch der jungen Leserinnen nach emotionaler Sicherheit und Romantik entgegen.

Der Aufbau der Erzählungen bleibt auch hier schlicht, auf komplizierte dramaturgische Konstruktionen wie Nebenhandlungen oder Rückblenden wird zugunsten eines linearen Handlungsverlaufs verzichtet. Der Schwerpunkt liegt auf der Identifikation der Leserin mit der Hauptfigur und die Erzählung verläuft ohne größeren Spannungsaufbau vom Anfang bis zum Ende in harmonischen Bahnen.

Da die Geschichten überwiegend aus der Perspektive der jungen Hauptfigur erzählt werden, ist die Ausdrucksweise wenig anspruchsvoll, oft sogar trivial. Bevorzugt wird eine einfache, betont illustrative Sprache, die eindeutig und konkret den Inhalt darstellt. Gängige Wendungen, oberflächliche Vergleiche und klischeehafte Bilder finden sich zahlreich, sind aber auch erwünscht. Auf stilistische Virtuosität, etwa durch den Einsatz von Leitmotiven oder tiefgründiger Symbolik, wird verzichtet, was den Inhalt auf eine augenfällige und leicht verständliche Bedeutungsebene reduziert.

Durch diese inhaltliche und formale Schlichtheit sowie den naiven Stil wird das Bedürfnis der Leserinnen nach Literatur als Unterhaltung befriedigt, was einer der Gründe für die ungebrochene Beliebtheit dieser Bücher ist.

Leseempfehlungen:

Emmy von Rhoden: „Der Trotzkopf“
Else Ury: „Nesthäkchen“
Enyd Blyton: „Hanni und Nanni“

Die moderne Mädchenliteratur verzichtet auf die klassische Rollenfestlegung. Hier stehen individuelle Lernprozesse und Erfahrungen im Mittelpunkt der Erzählung. Die sich daraus ergebende thematische Reichhaltigkeit spiegelt sich in einer formalen Vielfalt. So findet man heute neben der klassischen Erzählform des Romans auch Berichte, Reportagen und Biografien. Zunehmend spielen Mädchen auch in spannungsbetonten Büchern wie Abenteuergeschichten die Hauptrolle.

Die verstärkte Thematisierung individueller und gesellschaftlicher Probleme im Mädchenbuch führt zu einer sorgfältigeren und glaubhafteren Charakterzeichnung. Konflikte werden nicht mehr durch glückliche Fügung gelöst, sondern durch aktives Entscheiden und Handeln. Es geht nicht darum, den Leserinnen eine heile Welt zur unkritischen Identifikation anzubieten, sondern um eine differenzierte, realistische Darstellung der Wirklichkeit und den aus ihr erwachsenden Konflikten.

Die problemorientierte Ausrichtung lässt bei aktuellen Mädchenbüchern literarisch-ästhetische Ansprüche in den Hintergrund treten. Die Handlung ist meistens klar nach dem gängigen Prinzip von Einleitung, Höhepunkt und Ende aufgebaut. Im Gegensatz zum Happy End des klassischen Mädchenbuches findet man bei problemorientierter

Mädchenliteratur eine Tendenz zum offenen Schluss. Die Klärung des Konflikts bleibt der Leserin vorbehalten, sie muss selbst die verschiedenen Argumente gegeneinander abwägen und mögliche Lösungen finden. Indem man aufgefordert wird, sich kritisch mit dem dargestellten Problem auseinanderzusetzen, wird eine aktive Lesesituation provoziert.

Leseempfehlungen:

Cornelia Funke: „Die Wilden Hühner“
Dagmar Chidolue: „Lady Punk“
Tamara Bach: „Marsmädchen“

8. Problemorientierte Jugendbücher

Jugendbücher setzen sich mit den Schwierigkeiten des Erwachsenwerdens auseinander. Sie sollen den Jugendlichen Hilfestellungen geben, ohne jedoch belehrend oder moralisierend zu wirken. Es geht nicht darum zu zeigen, was richtig oder falsch ist, sondern vielmehr darum, das Bewusstsein für diese Unterscheidungen zu wecken oder zu fördern.

Die Motive

Häufig aufgegriffen werden die individuellen und sozialen Herausforderungen, denen Jugendliche gegenüberstehen. In der Familie und im Freundeskreis werden die Formen des Zusammenlebens komplizierter; Spannungen und Probleme müssen gelöst werden, wo doch der eigene Standpunkt noch nicht gefunden ist.

Die zentralen Inhalte sind Familie, Freundschaft, Partnerschaft oder die Zugehörigkeit zu Gruppen. Dabei sind die Strukturen fragil und verändern sich schnell: man zerstreitet sich „endgültig“ mit dem allerbesten Freund, oder die ewige Liebe wird zum endlosen Leid. Besonders das Bedürfnis Jugendlicher, sich innerhalb einer Gruppe zu beweisen und akzeptiert zu fühlen, birgt ein hohes Konfliktpotential: die Gefahr des Außenseitertums, die Balance zwischen Anpassung und Individualität oder die gemeinsame Abgrenzung gegenüber der Erwachsenenwelt.

Das interessanteste Thema ist besonders in diesem Alter die Sexualität. Die Veränderung des eigenen Körpers oder die erste Begegnung mit dem anderen Geschlecht sind aufregende und zentrale Einschnitte auf dem Weg des Erwachsenwerdens. Die Neugier darauf sollte jedoch nicht durch einseitige Romantisierung verklärt werden, die zu überspannten Vorstellungen führt. Sinnvoller ist eine realistische Darstellung möglicher Ängste und Unsicherheiten der Jugendlichen.

Neben Problemen, mit denen sich fast alle Teenager auseinandersetzen müssen, gibt es zahlreiche Themen, die gesellschaftliche Tabus aufgreifen. Magersucht, Sektenzugehörigkeit oder Drogenkonsum stellen für Jugendliche ein höheres Risiko dar als für Erwachsene. Die Jugendliteratur zeigt, wie man in solche Situationen gerät und welche Konsequenzen sich daraus ergeben. Berührt man solche Probleme, ist es unerlässlich, glaubwürdig zu schreiben. Klischees und Stereotype wirken fadenscheinig und führen dazu, dass sich der Leser nicht ernst genommen fühlt. Erzählt man von einem Dealer, der an der Straßenecke vor der Schule seine erste Dosis verschenkt, um an jeder weiteren reich zu werden, unterschätzt man sowohl die Dealer als auch die Leser. Um das zu vermeiden, sind bei brisanten Themen eine ausführliche Recherche und eine differenzierte Form der Darstellung unumgänglich. Dazu gehört, dass man sich mit den Ursachen solcher Entwicklungen auseinandersetzt. Monokausal dem Dealer die Schuld zu geben, reicht nicht aus, denn oft sind es familiäre oder gesellschaftliche Zwänge, unter denen solche Fluchttendenzen erst entwickelt werden.

Ein weiteres Ziel zahlreicher Jugendbücher ist es, das Bewusstsein in sozialen und politischen Bereichen zu stärken. Es geht um zentrale Werte und Aufgaben einer Gesellschaft, um Menschenrechte, Freiheit oder Demokratie. Die Schilderungen totalitärer Strukturen, in denen es Überwachung, Diskriminierung, Verfolgung, Folter und Mord gibt, und die Beschreibungen der Einzelschicksale innerhalb restriktiver Systeme sind in Hinblick auf die deutsche Vergangenheit von nahezu fühlbarer Relevanz.

Die Behandlung der jetzigen Situation in Entwicklungs- oder Schwellenländern trägt dazu bei, ein politisches Bewusstsein zu entwickeln. Zahlreiche Bücher konzentrieren sich auf die individuellen Schicksale, die sich aus der jeweiligen ökonomischen und gesellschaftlichen Zwangslage ergeben. Die dadurch entstehende Nähe zwischen Protagonist und Leser verringert den Abstand zum Fremden und kann so mit Vorurteilen aufräumen und zum Nachdenken anregen.

Der Handlungsaufbau und die Erzählweise

Jugendliche gehen nicht mehr so unvoreingenommen an Literatur wie Kinder. Einige haben vielleicht Hesses „Der Steppenwolf" oder Orwells „1984" gelesen, zumindest mussten sich aber alle von ihnen in den Deutschstunden durch ausgewählte Werke Goethes oder Schillers arbeiten. Wie auch immer, Jugendliche haben zumindest eine Ahnung von dem, was gute Literatur ist oder was sie nach Meinung der Erwachsenen sein soll. Man sollte also nicht den Fehler begehen, seine Leser zu unterschätzen.

Im problemorientierten Jugendbuch ist eine Tendenz zu biografischen oder biografisch wirkenden Formen festzustellen. Waren in der Charakterzeichnung Klischees bisher erlaubt, in manchen Genres sogar erwünscht, sind sie jetzt zu vermeiden. Besonderes Augenmerk ist auf einen authentischen und glaubwürdigen Protagonisten zu legen. Makellose Protagonisten wirken oberflächlich und langweilig, Figuren, die innere Konflikte austragen, zweifeln oder sich irren, wirken indessen realistisch und bieten dem Leser eine angemessene Möglichkeit zur Identifikation und Reflexion.

Um eine jugendnahe Atmosphäre zu schaffen, empfiehlt es sich, die Erzählsprache an die Ausdrucksweise der Leser anpassen. Hier ist Fingerspitzengefühl geboten, denn die so genannte Jugendsprache ändert sich schnell, und Wörter wie „cool" oder „geil" wirken genauso überholt wie die noch älteren Begriffe „knorke" und „dufte". Auch Dialoge können für einen unmittelbaren Leseeindruck nutzbar gemacht werden, denn in die direkte Rede passen jugendliche Ausdrücke besser als in erzählende Passagen.

Eine weitere Erzähltechnik, die für die Darstellung der Gedankengänge und Gefühle geeignet ist, ist der innere Monolog. In ihm wird durch einfache und unverbundene Aussagesätze ein Gedankenstrom dargestellt, der dem Leser ermöglicht, in den Kopf des Protagonisten einzutauchen und seine Gedanken und Gefühle kennen zu lernen. Der innere Monolog bietet zudem die Möglichkeit, die Umwelt aus der subjektiven Perspektive der Figur zu zeigen.

Unabhängig für welche Erzähltechnik oder Erzählform man sich letztendlich entscheidet, wichtig ist, dass die Texte nicht belehren oder moralisieren, sondern aus der Perspektive der Jugendlichen erzählt werden.

Leseempfehlungen:

Marjane Satrapi: „Persepolis“
Morton Rhue: „Die Welle“
Gudrun Pausewang: „Die Wolke“

Exkurs: Harry Potter und der Stein der Weisen

Zu den bekanntesten und erfolgreichsten Kinder- und Jugendbüchern der letzten Jahre gehören die Abenteuer des britischen Zauberschülers Harry Potter.

Im folgenden Abschnitt soll die Analyse des ersten Bandes: „Harry Potter und der Stein der Weisen", das Geheimnis des Erfolges zumindest in Ansätzen lüften und zeigen, warum die Bücher über den Zauberschüler bei Jung und Alt gleichermaßen beliebt sind.

Rechtliche Hinweise zu Harry Potter

Dieses Kapitel wird nicht von J. K. Rowling, Time Warner Entertainment Company, Bloomsbury Publishing Plc oder deren jeweiligen Lizenznehmern gesponsert oder unterstützt und erscheint unabhängig von diesen Personen und Unternehmen. Mit ihnen besteht auch keine andere geschäftliche Verbindung bei der Veröffentlichung dieses Buches.

Diverse Eigennamen und Begriffe sind eingetragene Marken. Alle geäußerten Meinungen gehen einzig auf die Autorin Anna Kerkel zurück und entsprechen nicht notwendigerweise denen J. K. Rowlings, der Time Warner Entertainment Company, der Bloomsbury Publishing Plc oder ihren Lizenznehmern.

Die Nennung von als Marken geschützten Wörtern erfolgt in diesem Werk wie üblich ohne Erwähnung etwa bestehender Patente, Gebrauchsmuster oder Marken. Das Fehlen eines solchen Hinweises begründet nicht die Annahme, eine nicht gekennzeichnete Ware, Marke oder Dienstleistung sei frei.

Inhalt

Der erste Harry-Potter-Roman beginnt mit einer Rückblende, in der von der Ermordung von James und Lily Potter durch Lord Voldemort berichtet wird. Der Versuch auch Harry, ihren Sohn, zu töten, scheitert jedoch aus geheimnisvollen Gründen und Voldemort verliert seine Kräfte. Harry, durch das Geschehene von einer blitzförmigen Narbe auf der Stirn gezeichnet, soll nun bei seiner Tante und deren Familie aufwachsen.

Die eigentliche Handlung setzt erst elf Jahre später, kurz vor Harrys elftem Geburtstag, ein. Sein bisher tristes Leben bei seinen spießigen Verwandten nimmt eine unerwartete Wendung, als er erfährt, dass er ein Zauberer ist. Er wird in Hogwarts, einem Internat für Zauberei und Magie, aufgenommen und dort in den verschiedenen Disziplinen unterrichtet. Hier lernt er seine neuen Freunde Ron Weasley und Hermine Granger kennen und avanciert zum gefeierten Star im Quidditch, einem komplizierten Ballspiel auf fliegenden Besen.

Bei seinen nächtlichen Streifzügen durch Hogwarts entdeckt Harry den Spiegel Nerhegeb und erfährt so vom Stein der Weisen. Er bemerkt, dass zwischen ihm und Voldemort eine geistige Verbindung existiert, die ihn verunsichert, aber zugleich mutiger werden lässt. Ein Zentaur bringt Harry auf die Idee, das Voldemort am Stein der Weisen interessiert sein könnte, um neue Kräfte zu schöpfen. Zunächst verdächtigt er den unbeliebten Professor Snape, dem Lord zu dienen. Als er in das Versteck des Steins vordringt, entdeckt

Harry dessen wahren Helfer und es kommt zur Entscheidung.

Das Genre

In „Harry Potter und der Stein der Weisen" verbindet die Autorin Elemente zahlreicher literarischer Gattungen. Am sinnfälligsten ist die Form des Märchens, so gibt es Zauberer in Umhängen, mit spitzen Hüten und fliegenden Besen; sprechende Tiere und Riesen; Zauberstäbe und Zaubersprüche; Kessel mit dampfenden Tränken und einen magischen Spiegel. Figuren und Interieur entsprechen auf dem ersten Blick tatsächlich den Stereotypen eines Märchens. Ebenso verhält es sich mit einem Grossteil der Schauplätze: Es gibt den See, den verbotenen Wald und nicht zuletzt ist Hogwarts ja ein großes altes Schloss voller Geheimnisse. Auch der Handlungsaufbau ähnelt bis zu einem gewissen Grade dem eines Märchens: Der Held muss sein Zuhause verlassen und Abenteuer bestehen. Es findet sich der Kampf Gut gegen Böse wieder, und bei Harry Potter siegt wie im Märchen das Gute – den Leser erwartet ein Happy End.

Der zentrale Unterschied zwischen beiden Formen ist der konkrete Bezug zur aktuellen Realität. Spielen Märchen in einer raum- und zeitlosen Wirklichkeit, kann man diese Koordinaten bei Harry Potter ziemlich genau bestimmen. Aufgrund der technischen Standards weiß der Leser, dass Harry in der Gegenwart lebt, und zwar im Londoner Vorort Little Whinging. Die märchenhafte Trennung von Realität und „Es war einmal" wird aufgehoben und dadurch eine enorme Spannung zwischen magischer und nichtmagischer Welt aufgebaut. Beide Welten existieren nebeneinander und berühren sich nur gelegentlich, was häufig katastrophale Folgen hat. Durch diese Parallelisierung und durch zahlreiche andere Handlungsstränge und Einschübe ergibt sich eine Erzählweise, die auf mehreren Ebenen funktioniert und damit im Gegensatz zur geradlinigen Erzählweise des Märchens steht. Auch die Erzählperspektive ist eine andere: Wird das Märchen von einem allwissenden Erzähler, also einem Chronisten erzählt, ist der Erzähler bei „Harry Potter" ganz auf die Perspektive des Helden, seine Gedanken und Gefühle fokussiert.

Aufbau und Inhalt von „Harry Potter" entsprechen demnach dem Genre der Fantasy-Literatur. Beeindruckend ist die Ausführlichkeit und der Detailreichtum, durch die die Fantasy-Welt gekennzeichnet ist. Die Autorin schafft fast eine eigene Sprache, um die Dinge der magischen Gesellschaft zu beschreiben: Es gibt Knuts, Galleonen und Sickel als Währung, die Sportart Quidditch (mit Schnatz, Quaffel und Klatscher als spielrelevante Ballarten), die einzelnen Häuser, in die Hogwarts aufgeteilt ist, heißen Gryffindor (Harrys, Rons und Hermines Haus), Hufflepuff, Ravenclaw und Slytherin, und daneben lassen sich noch unzählige weitere Gegenstände, Orte und Besonderheiten erwähnen, die die Eigenheiten der Zauberwelt plastisch und eindrucksvoll widerspiegeln. Die vielen magischen Wesen, mit ihren Fähigkeiten, Lebensgewohnheiten und Mentalitäten dienen dazu, beim Leser eine lebendige Vorstellung von dieser anderen Welt hervorzurufen. Oft sind diese Figuren an mythologische Vorbilder angelehnt. Bei Harry Potter trifft der Leser nicht nur auf Zauberer und

Hexen, sondern auch auf Einhörner, Drachen und Werwölfe, Riesen und Kobolde.

Das Grundmuster aller Fantasy-Literatur ist – wie bereits im sechsten Kapitel erwähnt – die Abenteuerreise eines Helden, die zu zahlreichen Begegnungen mit verschiedenen sagenhaften Figuren führt und deren Ziel der endgültige Kampf zwischen Gut und Böse ist, der auch Harry bevorsteht. Die Fülle an Hindernissen, die der Held zu bewältigen hat, die zahlreichen Figuren und deren Eigenheiten, die verschiedenen Landschaften und Spielorte, die Beschreibungen der Gegenstände und des Interieurs führen zu einer ansehnlichen Textlänge.

Eben dieses Ausmaß lässt eine Einordnung in das Genre des Romans zu, der als Großform der Erzählkunst gilt. Die Darstellung eines umfangreichen Ausschnitts aus dem Leben einer Person und seine Auseinandersetzung mit seiner Umwelt findet man bei Harry Potter wieder, denn in sieben Bänden werden sieben Jahre seines Lebens erzählt. Dabei werden zeitliche und räumliche Zusammenhänge miteinander verknüpft: Die Leser erfahren viel über Harrys Vergangenheit, seine Kindheit und seine Eltern. Auch die anderen Figuren sind mit geschichtlichen und sozialen Hintergründen ausgestattet, die ihr Handeln bis zu einem gewissen Grade motivieren. Da sich die Gattung des Romans in zahlreiche Untergattungen aufgliedert, sollen an dieser Stelle lediglich die zwei für dieses Buch relevanten Formen aufgeführt werden: der Entwicklungsroman und der Detektivroman.

Der Entwicklungsroman ist gekennzeichnet durch die Darstellung des geistigen Reifeprozesses eines jungen Helden. Kurz gesagt: Es geht um das Erwachsenwerden. Die Etappen, die bei der Ich-Findung durchlaufen werden, funktionieren nach ähnlichem Muster. Die Hauptfigur erfährt von ihrer Herkunft, verlässt ihre Heimat, erkennt unterwegs ihre Aufgaben und löst sie. Daneben geht es um Freundschaft und Feindschaft, die Bewährung in der Gemeinschaft und die Erkenntnis der eigenen Stärken und Schwächen, kurz der Entwicklung eines Selbst-Bewusstseins. Diesen Stationen entspricht die Entwicklung Harrys vom ausgeschlossenen Außenseiter zu einem Jungen, der nicht nur soziale Anerkennung findet, sondern sich außerdem den Mächten des Bösen stellt.

Im Gegensatz zu Kriminalromanen, die den Vorgang eines Verbrechens thematisieren, beschäftigen sich Detektivromane mit deren Aufklärung. Die Kennzeichen eines solchen Romans sind Spannung, falsche Spuren und verdeckte Indizien. Mithilfe von Intuition, logischer Analyse und Kombinationsgabe kann der Ermittler den Tathergang rekonstruieren und so den Täter überführen (vgl. auch Kapitel sieben). In „Harry Potter und der Stein der Weisen" finden sich einige dieser Elemente wieder. Zwar wurde das Verbrechen noch nicht begangen, doch besteht den Plan hierzu. Sowohl durch seine Aufmerksamkeit und Kombinationsgabe als auch durch seine Intuition kann Harry die richtigen Schlüsse ziehen und den Diebstahl des Steins der Weisen verhindern. Mit seiner Vermutung, Professor Snape könnte Voldemort helfen, in dessen Besitz zu gelangen, ist auch das Element der falschen Spur enthalten.

Ein weiteres Genre, an das Rowling ihren Roman anlehnt, ist die besonders im englischsprachigen Raum beliebte Schul- oder Internatsliteratur. Diese meist als Serien erscheinenden Kinder- und Jugendbücher beschäftigen sich mit den gängigen Themen des Schulalltags: Freundschaften, Konkurrenzkämpfe oder Auseinandersetzungen mit Lehrern. Durch die Beschränkung des Handlungsortes ergibt sich für die Charaktere eine besondere Nähe, zumal es keine Trennung mehr zwischen privater und öffentlicher Sphäre gibt. Die Abenteuer der Figuren bleiben auf das Schul- oder Internatsgebäude und dessen nähere Umgebung beschränkt. Auch Hogwarts ist ein Internat, und auch hier gelten Regeln: Es gibt nach Geschlechtern getrennte Schlafsäle, die Mahlzeiten werden gemeinsam eingenommen, die Schüler bekommen Hausaufgaben und Strafarbeiten. Die einzelnen Fächer werden von Lehrern unterrichtet, die mal mehr und mal weniger sympathisch sind, es gibt schulinterne Wettkämpfe, Freundschaften und nächtliche Streifzüge durch das Schulgebäude.

Die verschiedenen Elemente aus diesen Genres werden in den Harry Potter Romanen geschickt miteinander verknüpft, wodurch sich ihre Wirkung wechselseitig verstärkt. All das, was Kinder gerne lesen, findet sich hier in einem Buch versammelt: Magie wie Realität, Freundschaft wie Feindschaft, Gefahr wie Zuflucht. Eine Mischung, die bei Kindern und Jugendlichen genauso Begeisterung entfacht wie bei Erwachsenen.

„Harry Potter und der Stein der Weisen“ bietet eine fast unübersichtliche Fülle an Haupt- und Nebenfiguren. Um die Charakterzeichnung Harrys besser zu verstehen, sollen die wichtigsten hier kurz vorgestellt und in ihrer Beziehung zum Titelhelden näher betrachtet werden.

Man kann zwei Einteilungen treffen, um sich einen groben Überblick zu verschaffen: erstens in magische und nichtmagische Charakter und zweitens in Harrys Freunde und seine Feinde. Die erste Einteilung ist noch relativ übersichtlich. Die wichtigsten Personen der nichtmagischen Welt, die so genannten Muggel, sind die Dursleys. Harrys Tante Petunia, ihr Gatte Vernon sowie ihr Sprössling Dudley. Sie nehmen Harry nach dem Tod seiner Eltern nur widerwillig bei sich auf. So muss er bis kurz vor seinem elften Geburtstag in einem Wandschrank unter der Treppe wohnen. Die wichtigste Figur für die Charakterisierung von Harry ist Dudley Dursley. Gerade einen Monat älter als Harry, scheint er das genaue Gegenteil von ihm zu sein. Bereits die äußeren Merkmale spiegeln die Unterschiede: Harry wird als klein, dünn und blass beschrieben, er hat strubbliges schwarzes Haar, grüne Augen und trägt eine Brille. Dudley dagegen ist dick, fast fett, hat ein dickes rosa Gesicht, blonde Haare und wässrige blaue Augen. Auch charakterlich unterscheiden sich die Cousins in jeder Hinsicht voneinander. Lebt Harry bescheiden in seinem Wandschrank, ärgert sich Dudley darüber, dass er zu seinem elften Geburtstag nur sechsunddreißig Geschenke bekommen hat. Dazu kommt seine absolute Stumpfsinnigkeit gepaart mit Aggressivität, deren Opfer meist Harry ist. Durch die Gegenüberstellung von Harry und Dudley erreicht die Autorin (bereits im zweiten Kapitel), dass sich die Leser auf die Seite Harrys stellen, mit ihm sympathisieren und sich mit ihm identifizieren – denn wer will schon sein wie Dudley?

In der magischen Welt schließt Harry Freundschaft mit Ron Weasley und Hermine Granger. Ron ist groß und schlaksig, hat blaue Augen, Sommersprossen und rote Haare – wie seine fünf älteren Brüder und seine kleine Schwester. Er leidet darunter, dass er immer im Schatten seiner Brüder steht, die sehr gute oder beliebte Schüler waren oder es noch sind. Außerdem muss Ron aufgrund des permanenten Geldmangels der Weasleys die abgetragenen Sachen seiner Brüder tragen. Dennoch erfährt Harry gerade durch Ron zum ersten Mal, was es bedeutet, eine Familie zu haben.

Hermine Granger ist das, was man gemeinhin als Streberin bezeichnet. Sie meldet sich immer als erste, weiß immer alles besser und ist nachdrücklich darauf bedacht, dass die Schulregeln nicht überschritten werden. Am Anfang macht sie sich deshalb bei Harry und Ron eher unbeliebt, doch müssen die beiden nach und nach feststellen, dass es sehr hilfreich sein kann, einen klugen Freund auf seiner Seite zu wissen. Hermine wird als Mädchen mit braunem, buschigem Haar und auffällig großen Vorderzähnen beschrieben.

Durch Ron und Hermine lernt Harry, was es bedeutet, Freunde zu haben, die für einen einstehen und auf die man sich jederzeit verlassen kann. Durch die tiefe Freundschaft der drei wird Harrys bisherige soziale Situation als einsamer Außenseiter aufgehoben.

Neben seinen Freunden hat Harry auch zahlreiche Gegner. Besonders Draco Malfoy und mit ihm der Großteil des Hauses Slytherin machen Harry das Leben zur Hölle. Malfoy ist, ähnlich wie in der Muggelwelt Dudley, ein Gegenentwurf zu Harry. Er ist die Verkörperung von Bösartigkeit und Arroganz. Er taucht fast nie alleine auf, sondern immer in der Begleitung von Gregory Goyle und Vincent Crabbe, zwei brutalen Gestalten, die für ihn unangenehme Arbeiten erledigen müssen.

Der größte Feind Harrys ist jedoch Lord Voldemort. Die Erinnerung an ihn ist für viele Zauberer und Hexen so angsteinflößend, dass sie es nicht wagen, ihn beim Namen zu nennen, sondern nur von „Du-weißt-schon-wer" oder „Der, dessen Name nicht genannt werden darf" sprechen. Er gilt als der größte schwarze Magier aller Zeiten und verschwand in der Nacht, als er Harrys Eltern tötete. Niemand weiß, ob Voldemort gestorben ist oder sich versteckt hält, bis Harry ihm in seinem ersten Schuljahr gegenübertritt. Er ist jedoch so schwach, dass er, um zu überleben, in einen fremden Körper schlüpfen muss. Als Wirt dient ihm Professor Quirrell, der ironischerweise Lehrer für die Verteidigung gegen dunkle Künste ist. Als ängstlicher Charakter wird er von Harry nicht verdächtigt, mit Voldemort in Verbindung zu stehen. Stattdessen gerät Professor Snape ins Visier, der in Hogwarts das Fach Zaubertränke unterrichtet und der Hauslehrer von Slytherin ist. Er ist sehr streng und ungerecht und bevorzugt die Schüler seines Hauses, Harry und seine

Mitschüler aus Gryffindor hingegen werden von ihm schikaniert.

Deutlich zeigt sich, dass die Charaktere sehr kontrastreich aufgebaut sind. Neben den sehr bildhaften Beschreibungen der Figuren bleiben die Charakterzüge, zumindest im ersten Band stereotyp: Es gibt die Guten (Harry, Ron, Hermine) und die Bösen (Dudley, Malfoy, Voldemort), die Mutigen (Harry, Ron, Hermine) und die Feigen (Professor Quirrell), die Geizigen (die Dursleys) und die Großzügigen (die Weasleys). Die Figurenzeichnung mag teilweise überzogen wirken, hilft dem Leser aber, sich bei der Vielzahl der Akteure zurechtzufinden.

Weniger in der Charakterisierung oder Beschreibung der Figuren, dafür umso mehr in ihren Biografien und den Beziehungen, die sie untereinander haben, fallen zahlreiche Ähnlichkeiten mit literarischen Vorbildern auf. So kann man gewisse Parallelen zwischen Harry und König Artus herstellen: Beide sollen als Kind getötet werden, beide entdecken erst im Laufe ihrer Entwicklung ihre Fähigkeiten und beide haben berühmte Zauberer als Helfer. König Artus hat Merlin (der namentlich bei Harry Potter als großer Zauberer erwähnt wird) und Harry hat Dumbledore, den Schulleiter von Hogwarts, der ihn beim Kampf gegen das Böse unterstützt. Dieses wiederum manifestiert sich in der Artussage in der Gestalt von Sir Mordred, dessen Name zudem einen ähnlichen Klang wie Voldemort hat. Mittels der Affinität zu literarischen Vorbildern reiht sich die Autorin nicht nur in ein bestimmtes Genre ein, sondern reichert ihr Werk auch mit zahlreichen Anspielungen an, die durch eine lange Tradition geprägt sind.

Ein anderes Beispiel für diese Art, einen Text inhaltlich komplexer zu gestalten, ist die Erwähnung von bekannten historischen oder fiktiven Personen. So werden neben Merlin auch Namen von Wissenschaftlern wie Agrippa, Paracelsus und Nicolas Flamel genannt. Ferner erscheint eine Reihe mythischer Figuren, mit denen eine Vielzahl von Bedeutungen verknüpft ist, wobei sich die Autorin vor allem der antiken Mythologie bedient. So gibt es Zentauren, die einen menschlichen Oberkörper und den Rumpf eines Pferdes haben. In der griechischen Sage gelten sie als wild, trunksüchtig und wollüstig; bei Harry Potter sind sie jedoch ausgesprochen stolz und besitzen ein umfangreiches astrologisches Wissen – wie der Zentaur auch in der Astronomie ein Sternbild ist. Ebenso hat Fluffy, der dreiköpfige Hund, der den Stein der Weisen bewacht, eine antike Entsprechung. Kerberos, der in der griechischen Mythologie das Tor zur Unterwelt hütet, hat auch drei Köpfe. Er wird von Orpheus' Gesang verzaubert, ähnlich wie Fluffy, der durch das Flötenspiel Harrys ins Reich der Träume übertritt.

Die zahlreichen Korrespondenzen mit antiken Stoffen spiegeln sich auch in den Namen der Charaktere wider. So ist der Vorname von Professor McGonagall, der Hauslehrerein der Gryffindors, Minerva. In der römischen Mythologie ist Minerva die Göttin der Kunst und des Handwerks. Sie wurde mit der griechischen Göttin Athene gleichgesetzt, die als Symbol der Weisheit gilt. Dem entspricht McGonagalls Charakter: Sie wird als strenge, aber gerechte Lehrerin beschrieben. Ähnlich wie bei Minerva McGonagall verhält es sich mit dem Hausmeister Argus Filch. Sein Vornamen Argus geht zurück auf den hundertäugigen Riesen, den die griechische Göttin Hera zur Bewachung ihrer Rivalin Io einsetzt. So beaufsichtigt Filch mit Argusaugen die Schüler in Hogwarts, um sie beim kleinsten Vergehen zu bestrafen.

Anhand von Filch lässt sich ein weiteres Schema bei den Namen beobachten. Sprechende Namen spiegeln ein typisches Merkmal der bezeichneten Person wider. Bei Filch funktioniert das auf zwei Ebenen: zum einen durch die Analogie seines Vornamens zur Sagengestalt; auf der anderen Seite stammt sein Nachname Filch vom englischen Verb „filch", was übersetzt „klauen" oder „stibitzen" bedeutet. Der Name ist deshalb so bezeichnend, weil Hogwarts Hausmeister nicht nur die Schüler scharf bewacht, sondern auch Gegenstände, die seiner Meinung nach nicht in die Schule gehören, sofort beschlagnahmt. Das Prinzip der sprechenden Namen lässt sich bei vielen Figuren entdecken, so bedeutet Albus Dumbledore übersetzt in etwa „weiße

Hummel“, Voldemort entspräche „den Tod wollen“ und Severus Snape hat durch seinen Vornamen, der aus dem lateinischen übertragen „streng“, „hart“ oder „grausam“ bedeutet, und wegen der klanglichen Ähnlichkeit zu „Snake“ für Schlange gleich zwei sich gegenseitig verstärkende Bedeutungen in seinem Namen.

Dudley Dursley und Bathilda Bagshot hingegen sind Namen, die eine Alliteration bilden, das heißt, ihre Anfangslaute sind identisch. Die Bezeichnungen klingen dadurch lautmalerisch und komisch.

Viele der Namen, die die Figuren in Harry Potters Romanen tragen, sind also doppel- oder mehrdeutig. Sie zitieren so zum einen literarische Traditionen und werden gleichzeitig mit zahlreichen weiteren Bedeutungen angereichert. Daneben sind sie einprägsamer, was bei der Vielzahl der Charaktere von nicht geringem Vorteil ist.

Ähnlich wie die Erzählmuster verschiedener Genres miteinander verwoben sind und die Namen mehrere Bedeutungen haben, ist auch die Handlung nicht geradlinig aufgebaut, sondern verzweigt sich in verschiedene Themenkomplexe. Neben zahlreichen kleineren Episoden lassen sich drei zentrale Motivstränge erkennen: der Kampf Gut gegen Böse, Harrys Identitätssuche und der Kampf um den Schulpokal. Diese drei Grundthemen verlaufen teilweise nebeneinander, überkreuzen sich aber an gewissen Punkten.

Harrys Ich-Findungsprozess steht in engem Zusammenhang mit den Geschehnissen der Vergangenheit. Der Knotenpunkt ist die Nacht, in der Voldemort Harrys Eltern umbrachte. So wird der Aufenthalt bei den Dursleys nötig, die wiederum dafür verantwortlich sind, dass Harry nichts über seine wahre Herkunft weiß und sich in der Zauberwelt nicht auskennt. Darüber hinaus ist Harry seit jener Nacht von einer blitzförmigen Narbe gezeichnet, die zurückblieb als Voldemorts Fluch von ihm abprallte und auf diesen selbst zurückfiel. Die Narbe ist ein gutes Beispiel, um zu zeigen, wie ein Motiv mit mehreren Bedeutungen aufgeladen werden kann:

1. Die Narbe ist für Harry zunächst ein äußeres Zeichen seiner Vergangenheit, und das bedeutet vor allem den Verlust seiner Eltern.
2. Sie ist daher das zentrale Symbol für den Kampf gegen das Böse.

3. Folglich dient sie als Mahnung, sich auf die richtige Seite zu stellen, und ist damit entscheidend für Harrys individuelle Entwicklung.
4. Die Narbe ist eine Verbindung zu Lord Voldemort, denn sie schmerzt, wenn dieser seine Kräfte sammelt.
5. Die Narbe ist ein Zeichen der Erkennung und konstitutiv für Harrys gesellschaftliche Stellung, denn jeder erkennt ihn als den Jungen, der Voldemort zu Fall brachte und die Zauberwelt befreite. Diese Berühmtheit bringt ihm jedoch nicht nur Bewunderung und Freundschaft ein, viele halten Harry für arrogant und schneiden ihn.

Ein weiteres Beispiel für die Verknüpfung der verschiedenen Ebenen ist die Wahl Harrys, in welchem Haus von Hogwarts er leben möchte. Der Sprechende Hut überlässt Harry die Wahl, ob er nach Slytherin oder nach Gryffindor möchte. Slytherin steht für Ehrgeiz und Zielstrebigkeit, und so prophezeit der Sprechende Hut, dass dieses Haus Harry auf dem Weg zu Größe helfen würde. Doch Slytherin war das Haus Voldemorts und vieler seiner Anhänger, und so entscheidet sich Harry für Gryffindor, das Haus seiner Eltern, das für Tapferkeit und Mut bekannt ist. Indem er sich den Idealen seiner Eltern anschließt, positioniert er sich in dreifacher Weise: Er knüpft an seine Vergangenheit und seine Herkunft an, er stellt sich gegen die Traditionslinie des Bösen, und er entscheidet sich für eine bestimmte Gesellschaftsform, für die Ziele von Gryffindor.

Aber nicht immer harmonisieren die einzelnen Handlungsebenen, sehr oft stehen sie im Widerspruch zueinander. Daraus entwickelt sich eine eigene Spannung, die den Leser in ihren Bann zieht. Denn Harry muss

Prioritäten setzen und sich für die eine oder andere Sache entscheiden. Der Leser wird in den Entscheidungsprozess einbezogen. Er kann die Vor- und Nachteile der einzelnen Alternativen mit abwägen und zu einem eigenen Standpunkt finden, der Harrys Wahl unterstützt oder ablehnt. Die größten Konflikte offenbaren sich in der Konstellation der drei Hauptthemen. So widerspricht die Suche nach dem Stein der Weisen den Schulregeln Hogwarts. Harry betritt verbotenes Terrain und muss mit Konsequenzen rechnen, die nicht nur ihn, sondern alle Schüler Gryffindors betreffen, denn die Strafe bedeutet oft Punktabzug für das ganze Haus. Er muss also in zweierlei Hinsicht Mut beweisen, indem er sich über bewährte Regeln hinwegsetzt und sich gleichzeitig dem Bösen stellt.

Solche Entscheidungsfindungen führen dem Leser die Entwicklung des Helden vor Augen: Trifft Harry zu Beginn seine Entscheidungen spontan und aus dem Bauch heraus, so erscheinen sie zum Ende als reflektiertes Abwägen verschiedener Alternativen.

Es gibt noch eine Reihe anderer Themen, die im Roman aufgegriffen werden. Eine große Rolle spielt Magie und Zauberei. Kinder mögen diesen Stoff, Harry bekommt als Zauberschüler eine Überlegenheit gegenüber den Dursleys, die sich viele in ähnlichen Situationen wünschen würden. Die Realität scheint zudem selbst verzaubert. Wer weiß denn schon, ob die neuesten Nachrichten naturwissenschaftliche, ökonomische oder politische Gründe haben, oder ob nicht aus Versehen ein Zauberer in seinen Kessel geplumpst ist und so zu einem unerklärlichen Phänomen in der Muggelwelt geführt hat? Faszination übt daneben das

Element des Geheimnisvollen aus: Zaubersprüche, die Wünsche erfüllen können, brodelnde Mixturen und Verwandlungen. Besonders reizvoll sind in Rowlings Roman die Passagen, in denen Zauberwelt und Realität einander berühren. Wie in der Groteske wird durch Entfremdung und Verzerrung die Realität humorvoll ironisiert. Ein weiterer erwähnenswerter Punkt ist, dass der Leser wie die Hauptfigur die Zauberwelt und ihre Regeln erst kennen lernen muss. Er begibt sich gemeinsam mit Harry auf neues Terrain und entdeckt mit ihm nach und nach die Besonderheiten und Eigentümlichkeiten von Hogwarts und der restlichen magischen Welt.

Die in der Jugendliteratur bevorzugte Thematik der Fremdheit in der eigenen Umwelt, die Rolle des Außenseiters, spielt eine wesentliche Rolle in Rowlings Roman. Vor allem in seiner Zeit bei den Dursleys befindet sich Harry außerhalb des sozialen Netzes. Ein typischer Outsider ist auch die Maulende Myrthe, der Geist eines Mädchens, der in der Mädchentoilette lebt. Harrys Außenseitertum wird allerdings mit Eintritt in die Zauberwelt aufgehoben, mit einem Mal ist er reich und berühmt. Das Aschenputtelmotiv: Ein sozial benachteiligter Außenseiter, der die Ungerechtigkeit seiner Umwelt im Übermaß spürt, erlangt durch Umstände, die ihren Ursprung in der Vergangenheit haben, hohes gesellschaftliches Ansehen. Durch diese Motivführung erreicht die Autorin zweierlei. Die einführende Charakterisierung ihres Helden als Outsider birgt ein stark ausgeprägtes Identifikationspotential. In der Zeit des Erwachsenwerdens fühlen sich Kinder oftmals missverstanden und allein – eben wie Harry bei den Dursleys. Die Wende, die sich mit dem Eintritt des Helden in die Zauberwelt vollzieht, verschiebt die Identifikation gleichsam auf Zukunftsträume. Alles, was dem Bedürfnis nach eigener Großartigkeit entspricht, scheint nun möglich und erreichbar.

In Variationen tritt das Duell auf: das Duell um Mitternacht, der Kampf gegen Voldemort am Ende des Romans und in der sportlichen Form des Quidditch-Spieles. In der Situation eines akuten Konfliktes kann der Autor die Kräfte des Helden aufzeigen und ihn innerhalb seiner Umwelt positionieren.

Der Wald als mythische Landschaft ist ein Ort mit literarischer Tradition. Seine Atmosphäre ist wie im Märchen durch das Element der Gefahr geprägt. Nicht umsonst trägt er bei Rowling den Namen „Verbotener Wald". Gleichzeitig üben Gefahr und Verbot eine besondere Faszination sowohl auf Harry als auch den Leser aus. So wird der Wald an sich zu einem spannungssteigernden Element. Diese Eigendynamik wird durch die Begegnung zwischen Harry und Voldemort geschickt gesteigert.

Nicht nur in den Namen und Figuren spiegeln sich antike Mythen wider, auch motivisch werden sie aufgegriffen. Der Kampf mit Voldemort kann als Abstieg in die Unterwelt gedeutet werden. Wie Orpheus begibt sich Harry in den Bereich des Todes, er schläfert den dreiköpfigen Fluffy mit Musik ein, ähnlich wie Orpheus Kerberos. Beim großen Entscheidungskampf erkennt Harry, dass Voldemort auf dem Hinterkopf von Professor Quirrell überlebt hat. Das Motiv des Januskopfes entstammt der römischen Antike. Der Gott Janus steht symbolisch für Anfang und Ende, er blickt mit einem seiner zwei Gesichter zum Entstehenden, mit dem anderen zum Vergehenden. Als Sinnbild der Zwiespältigkeit ist der Januskopf bis heute gebräuchlich.

Ein weiteres literarisches Großthema, das aufgegriffen wird, ist die zentrale Kraft der Liebe: Voldemorts Fluch richtet sich nur gegen ihn selbst, weil sich Harrys Mutter für ihren Sohn opfert. Die Liebe seiner Eltern prägt das Bewusstsein Harrys und spiegelt sich vielfach in seinen Entscheidungen wider.

Zahlreiche Einzelepisoden folgen ihrer eigenen Dynamik. Sie zögern den Handlungsverlauf hinaus und machen so die Auflösung besonders spannend. In diesen Episoden wird ein detailreiches und anschauliches Bild der Zauberwelt und deren Regeln gezeichnet. Ein Beispiel dafür sind die Quidditch-Spiele der Magier, eine beliebte Sportart mit einem komplexen Regelsystem. Dabei treten immer zwei Mannschaften, die aus je sieben Spielern bestehen, gegeneinander an. In Hogwarts bildet jedes Haus ein Team, und da Harry ein Naturtalent im Besenfliegen ist, wird er in die Mannschaft von Gryffindor aufgenommen. Die Beschreibungen der Grundlagen und Regeln als auch der tatsächlich stattfindenden Quidditch-Spiele sind kleinere, schlüssig gestaltete, kurzweilige Erzählungen innerhalb des Romans. Ähnlich verhält es sich mit dem Besuch in der Winkelgasse, der Episode mit dem Troll oder dem Zauberspiegel.

Ein zentrales Element der Handlungsstruktur ist bei Harry Potter die Kontrastierung. Bereits bei der Betrachtung der Charaktere wurde deutlich, dass Harry vor allem durch seine Verschiedenheit in Bezug auf andere charakterisiert wird.

Weitere Gegenüberstellungen sind die zwischen realer Welt und Zauberwelt oder dem Guten und dem Bösen. An dieser Stelle soll der Gegensatz zwischen Gryffindor und Slytherin zur Verdeutlichung dienen, er wird auf verschiedenen Ebenen und mit verschiedenen Symbolen und Motiven ausgetragen:

	Gryffindor	*Slytherin*
Hauslehrer	Prof. McGonnagal (gerecht)	Prof. Snape (ungerecht)
Schüler	Harry, Ron, Hermine (Freunde)	Malfoy, Grabbe, Goyle (Feinde)
Ehemalige Schüler	Harrys Eltern (Familie)	Lord Voldemort (Feind)
Symbole der Häuser	Löwe (Stärke und Mut)	Schlange (List und Tücke)
Farben der Häuser	Gold und Rot (warme Farben)	Silber und Grün (kühle Farben)
Lage der Häuser	Turm (Helligkeit, Wärme)	Keller (Dunkelheit, Kälte)
	⇩ Gut	⇩ Böse

Durch die kontrastierende Gegenüberstellung bestimmter Personen, Symbole und Charaktere wird der Konflikt Gut gegen Böse auf mehreren Ebenen ausgetragen. Die bewusste Zuordnung bestimmter Eigenschaften zu bestimmten Gebieten führt aber sowohl den Leser als auch Harry in die Irre. Letztlich ist es ja nicht Professor Snape, der Voldemort unterstützt, sondern der ängstliche und unsichere Professor Quirrell.

Es wird deutlich, dass sowohl der Handlungsaufbau als auch die aufgegriffenen Motive sehr komplex und vielschichtig mit- und gegeneinander wirken. Es ist ersichtlich, dass die Autorin den Spannungsaufbau sehr genau kalkuliert hat. Szenenwechsel, Andeutungen, Vorhersehungen und Rückblenden werden sehr gezielt eingesetzt, wodurch die Spannung über die beträchtliche Anzahl der Seiten hinweg aufrechterhalten wird.

„Harry Potter und der Stein der Weisen" bleibt immer handlungsorientiert, der Held steht permanent neuen Anforderungen gegenüber, die er aktiv lösen muss. Dass Reflexionen kaum dargestellt werden oder die Charaktere stereotyp bleiben, stört den Unterhaltungswert wenig. Der Leser findet sich in einem Strudel wilder, fantasievoller und teilweise gruseliger Abenteuer wieder, die ihm kaum Zeit zum Atmen lassen, geschweige denn, das Buch aus der Hand zu legen.

Betrachtet man die Erzählperspektive, erkennt man, dass sich die Autorin keinerlei Experimente erlaubt. Von Harry Potters erstem Schuljahr in Hogwarts berichtet ein „allwissenender“ Chronist, der sich aller Kommentare oder Wertungen enthält. Abgesehen vom ersten Kapitel, das eine Rückblende aus Sicht der Dursleys, Dumbledores und letztlich Harrys ist, bleibt der personale Erzähler zeitlich und räumlich bei der Hauptfigur.

Die Sprache ist im Unterschied zur einfachen Erzählperspektive viel komplexer und variationsreicher. Erzählt wird im Präteritum, durch zahlreiche Dialoge und innere Monologe im Präsens wird beim Leser jedoch das Gefühl der Gegenwartsnähe und der Unmittelbarkeit erweckt. Durch Umgangssprache oder saloppe Wendungen wird zusätzlich Nähe zum Geschehen erzeugt.

Zahlreiche Zitate typischer literarischer Formen oder anderer Medien lockern die Textstruktur auf. Es gibt private und offizielle Briefe, es werden Nachrichtensendungen gesehen und Zeitungsartikel gelesen, oder man hört einem Live-Kommentar zu. Durch die Übertragung dieser Formen in die magische Welt entsteht auf einer weiteren Ebene eine Parodie der realen Medien, an denen die Autorin auf diese Weise Kritik übt. Nicht zu vergessen sind die magischen Formeln und Lieder, die den Zauberlehrlingen im Unterricht beigebracht werden. Es gibt demgemäß nicht nur innerhalb der Struktur eine Vielzahl literarischer Anspielungen (Bildungsroman, Detektivgeschichte), sondern der Text zitiert und parodiert explizit eine nicht geringe Anzahl verschiedener medialer Formen.

Auf die Vieldeutigkeit der Begriffe und Namen wurde ja bereits eingegangen. Daneben gibt es eine Reihe weiterer Sprachspiele. Zu den wichtigsten gehören Alliterationen, zum Beispiel Bathilda Bagshot, Neologismen, das heißt Wortneuschöpfungen, wie Muggel oder Quidditch, die die Differenz zwischen Zauber- und Menschenwelt betonen, und Anagramme wie der Name des Spiegels Nerhegeb – Begehren.

Das Spiel und die Variationen mit den Möglichkeiten der Sprache sind in der deutschen Übersetzung sicher nicht so eindrucksvoll wie im Original, aber auch hier fällt die Abwechslung und Vielfältigkeit der sprachlichen Mittel auf. Die Sprache bleibt stets einfach und bildhaft. Raffiniert ist, dass der Leser die Anspielungen, Zitate und Mehrdeutigkeiten nicht entschlüsseln muss, um die Geschichte zu verstehen. Die Möglichkeit, dass der Text auf unterschiedlichen Verständnisebenen gelesen werden kann, macht „Harry Potter" auch für Erwachsene interessant. Sie können in diesem Roman weitaus mehr entdecken als die Kinder, denen er vorgelesen wird.

Teil II – Das Schreiben

1. Hinweise für das Schreiben

Am Anfang steht eine wesentliche Frage: Für wen will ich schreiben? Diese Frage ist von wesentlicher Bedeutung, da es im Kinder- und Jugendbuchbereich strenge Kriterien für das Lesealter gibt. Genre, Textlänge, thematische Schwerpunke und die Art der Sprache sind hierfür ausschlaggebend.

Gerade bei einem Kinderbuch empfiehlt es sich deshalb, während des Schreibprozesses immer an seine Leser zu denken: Können sie der Handlung folgen? Verstehen sie alle Wörter? Ist das Thema interessant?

Am einfachsten ist es, sich während des Arbeitsprozesses einen Leser für das Buch vorzustellen, vielleicht das eigene Kind oder das Kind von Freunden oder Nachbarn. Würde ihm das Buch gefallen? Kann es der Geschichte folgen und sie verstehen? An welchen Stellen könnte es lachen oder bei welchen wäre es traurig? Anhand dieser Fragen, lassen sich Unverständlichkeiten oder eine zu große Entfernung von der Erfahrungswelt der Kinder vermeiden.

Alterseinteilungen der Kinder- und Jugendliteratur

Die folgende Übersicht verdeutlicht, in welchem Alter welche Bücher empfohlen werden. Dabei orientiert sich die Einteilung an den gängigen Angaben der Verlage, wie sie auf den Klappentexten der Kinder- und Jugendbücher zu finden sind.

Kleinkinder bis zu zwei Jahren:

- Papp- und Plastikbücher
- Bilderbücher ohne Text
- Bilderbücher mit sehr geringem Textanteil, etwa zweitausend Zeichen

Kinder bis zu drei Jahren:

- Pappbilderbücher mit geringem Textanteil, etwa fünftausend Zeichen

Kinder bis zu vier Jahren:

- Pappbilderbücher mit geringem Textanteil, etwa fünftausend Zeichen
- Anspruchsvolle Bilderbücher
- Märchenbücher

Vorschulkinder:

- Anspruchsvolle Bilderbücher
- Märchenbücher

- Vorlesebücher
- Beschäftigungsbücher

Schulkinder:

- Erstlesebücher
- Lernhilfen
- Anthologien
- Kinderromane

Jugendliche und junge Erwachsene:

- Abenteuerromane
- Mädchenbücher
- Detektivgeschichten
- Fantasy-Romane
- Problemorientierte Jugendbücher

Daneben gibt es für alle Altersstufen:

- Lyrikbände
- Sachbücher

Der Handlungsaufbau

Erste Überlegungen

Am einfachsten entwickelt sich die Handlung aus einer Idee oder aus einer Hauptfigur heraus. Nach der Anfertigung einer Themensammlung (Informationen dazu finden sich unter 3. Schreibübungen), versucht man nun Idee und Figuren glaubwürdig miteinander zu verbinden. Um die Handlung logisch aufzubauen und die Charaktere überzeugend zu formen, helfen die fünf klassischen W-Fragen: wer, was, wann, wo und warum?

Während des Schreibens sollte sich herauskristallisieren, welcher Umfang angemessen ist, an welchen Stellen Figuren auf- oder abtreten, wann wichtige Informationen preisgegeben werden, wie die Spannung aufbaut oder wo der Höhepunkt verortet wird. Das ist im Prinzip schon die Grundstruktur des Textes.

Bei einem umfangreichen Text empfiehlt es sich, die Struktur etwas genauer auszuarbeiten und beispielsweise eine Einteilung in Kapitel vorzunehmen. Die so getroffene Anordnung des Stoffes hilft, den Gesamtzusammenhang nicht aus den Augen zu verlieren. Jedes Kapitel sollte von der Länge und vom Handlungsbogen einer Kurzgeschichte ähneln und etwas Spannendes oder für die Handlung Relevantes beinhalten. Bei der Ausarbeitung der einzelnen Kapitel ist es sinnvoll, das Ende nicht mit einer ruhigen Passage, sondern mit einer aufregenden Situation oder einer offenen Frage zu gestalten, um so die Spannung des Lesers auf das nächste Kapitel zu steigern.

Der Anfang

Ein Text besteht, vereinfacht gesagt, aus Anfang, Mittelteil und Ende. Der Anfang muss den Leser fesseln, die Spannung möglichst gleich mit dem ersten Satz beginnen. Das erreicht man, indem man entweder ein Ereignis ankündigt, um eine Erwartung beim Leser zu schaffen oder indem man direkt in das Geschehen einsteigt. Auf jeden Fall sollte der Leser sofort erkennen, wovon der Text handelt, wo man sich befindet oder wer agiert. Um eine Geschichte auf einen Höhepunkt hin zu erzählen, darf man allerdings nicht schon zu Beginn verraten, wie und ob die Probleme gelöst werden.

Der Mittelteil

Nach dem Anfang beginnt man damit, einen Konflikt aufzubauen, der sich langsam zuspitzt. Um die Geschichte voranzutreiben und den Leser in ihren Bann zu ziehen, sollte der Protagonist nicht zum Stillstand kommen. Deshalb sind weitschweifige Ausführungen genauso zu vermeiden wie abstrakte Behauptungen und theoretische Diskussionen.

Die zwei grundlegenden Muster des Handlungsaufbaus sind Kausalität, eine lineare Darstellung von Ursache und Wirkung, und Polarität, gegensätzliche und widerstreitende Kräfte, die sich gegenseitig dynamisieren.

Beliebt sind Kinderbücher, die straff und betont bildhaft erzählt sind und auf lange Beschreibungen verzichten. Die Regel heißt: Was die Geschichte nicht vorantreibt, Erklärungen liefert oder die Atmosphäre beschreibt, sollte gestrichen werden.

Das Ende

Spätestens hier sollten der Konflikt gelöst, alle Handlungsfäden zu Ende geführt und alle Fragen beantwortet sein. Eine Alternative, die besonders im Jugendbuch bevorzugt wird, ist der offene Schluss, der eine Fragestellung am Ende unbeantwortet lässt und den Leser so zum Nachdenken anregt.

Parallelhandlungen

Für kleinere Kinder sollte die Handlung unbedingt geradlinig und einfach aufgebaut werden. Ab dem Schulalter können dann zwei parallel verlaufende Erzähllinien miteinander verflochten werden. Der Wechsel zwischen verschiedenen Schauplätzen und Personen erzeugt Spannung, denn der Leser weiß nicht, was gerade am anderen Ort oder mit der anderen Figur geschieht. Die Anzahl der Schauplätze oder Haupt- und Nebenfiguren sollte jedoch übersichtlich bleiben.

Spannung erzeugt man vor allem durch ein gekonntes Wechselspiel von retardierenden Momenten der Handlung und den inneren oder äußeren Konflikten des Personals.

Retardierende Momente sind Wendepunkte innerhalb der Geschichte. Das kann ein überraschendes Beweisstück, eine plötzliche Gefahr oder eine neue Situation sein. Es ist wichtig, dass der Leser den Wendepunkt einschätzen kann, er muss die Gefährlichkeit der Situation oder die möglichen Konsequenzen erahnen können, damit Spannung aufgebaut werden kann. Er darf nicht wissen, ob die aus der Wendung entwickelte Handlung positiv oder negativ endet. Es müssen beide Möglichkeiten offen bleiben, der Held kann gewinnen oder versagen.

Wenn der Leser mehr weiß als der Protagonist, entsteht zusätzlich Spannung. Erfährt man zum Beispiel von einer Bedrohung, die dem Helden unbekannt ist, wirkt dessen Handlungsweise dramatischer, weil der Leser sie anders einschätzen kann als der Protagonist selbst. Ein simples Beispiel: Ein Zwerg befindet sich auf dem Nachhauseweg und will noch Pilze sammeln. Was er, im Gegensatz zum Leser, nicht weiß ist, dass ein Riese im selben Wald just in diesem Moment Hunger auf Zwerge hat. Das eigentlich unspektakuläre Pilzesammeln wird durch die Bedrohung dynamisiert, hinter jedem Baum könnte ja der Reise erscheinen. Dieses Vorgehen verlangt eine allwissende Erzählposition. Würde der Riese unvermittelt auf den Zwerg stoßen, wirkt das zwar überraschend, das vorherige Pilzesammeln bleibt allerdings undynamisch.

Zeitlicher Druck gehört zu den wesentlichen Elementen des Spannungsaufbaus. Wenn der Protagonist nicht bis zu einem bestimmten Termin eine Aufgabe erfüllt hat, drohen Konsequenzen, die dem Leser bekannt sein sollten. Steigern lässt sich die Spannung auch durch hemmende Elemente wie einen Stau, eine plötzliche Gefangenschaft, aus der sich der Held erst befreien muss, und dergleichen mehr.

Wichtig dabei ist, die Spannung wieder aufzulösen. Der Moment der Auflösung hängt davon ab, wie lange sich die Spannung aufrechterhalten lässt. Zwanzig Seiten über einen im Stau stehenden Helden können zwar abwechslungsreich erzählt sein, die Spannungskurve fällt allerdings ab, solange keine anderweitigen Punkte geklärt werden. Interessant ist in solchen Situationen ein Perspektivwechsel. Man verlässt den Protagonisten im Auto und erzählt, was der Antagonist, also der Gegenspieler, unternimmt. Wenn beide dann zusammentreffen, kommt es zu einem Höhepunkt, und die Spannung wird aufgelöst.

Konflikte entstehen durch äußere Faktoren, werden aber in und zwischen den Figuren ausgetragen. Sie sind es, durch die retardierende Momente erst spannend werden, denn der Leser will wissen, wie der Held reagiert, welche Gefühle er hat und welche Entscheidungen er trifft. Der Konflikt darf weder so schwach sein, dass der Held ihn sofort lösen kann, noch so stark, dass dem Leser klar ist, dass er unmöglich zu bewältigen ist. Um einen Konflikt über einen längeren Zeitraum auszudehnen, muss er steigerungsfähig sein, das heißt, er muss sich immer weiter zuspitzen. Am sinnfälligsten ist das Staubeispiel: Je länger der Protagonist auf der Stelle steht, desto knapper wird die Zeit; je knapper die Zeit, desto stärker der Konflikt.

Empathie

Ein weiterer Punkt von nicht zu unterschätzender Bedeutung ist die Empathie. Diese wird erzeugt, indem man Charaktere schafft, mit denen der Leser mitfühlt, mit denen er sich fürchtet oder freut, zweifelt oder traurig ist. Am elegantesten entwickelt man solche Emotionen aus der Handlung heraus, statt sie den Figuren in den Mund zu legen.

Die Erzählperspektive

Der Vermittler zwischen einer Geschichte und dem Leser ist der Erzähler. Damit stellt sich die Frage, aus welcher Perspektive etwas erzählt wird. Sie bestimmt grundlegend, wie das Erzählte auf den Leser wirkt. Man unterscheidet fünf Erzähltechniken: die auktoriale, personale, sachliche und unzuverlässige Erzählperspektive sowie die Ich-Erzählung.

Auktoriale Erzählperspektive

Ein auktorialer Erzähler befindet sich nicht unmittelbar im Geschehen, sondern blickt von außen auf die Figuren und Handlungen. Er ist allwissend, das heißt, er kennt alle Charaktere und weiß was im Folgenden passiert. Ein auktorialer Erzähler ist nicht direkt an der Handlung beteiligt ist, deshalb kann er sie reflektieren und kommentieren. Die Erzählweise lässt sich so sehr sachlich gestalten, indem zum Beispiel die Vor- und Nachteile einer Situation objektiv gegeneinander abgewogen werden. Durch einseitige Bewertung, Kritik oder Lob wirkt die Erzählweise hingegen subjektiver. Besonders deutlich wird die auktoriale Perspektive, wenn der Erzähler sich direkt an den Leser wendet und ihn etwa nach seiner Meinung fragt.

Ein Beispiel: Jonathan stand vor dem Schloss des Grafen, einem dunkeln riesigen Gebäude. Er hörte nicht die seltsamen Geräusche, die aus dem Inneren drangen, und trat furchtlos ein. Er wusste ja nicht, welch Grauen ihn erwartete. Graf Dracula schritt zur Tür und öffnete sie dem Gast.

Im Gegensatz zu Jonathan weiß der Erzähler um das Grauen, das im Schloss auf den Protagonisten wartet. Er kann den Leser vorwarnen und Spannung aufbauen, denn der Leser will wissen, welches Grauen Jonathan widerfährt. Gleichzeitig findet ein Wechsel des Ortes statt. Steht der Erzähler am Anfang mit Jonathan vor dem, so befindet er sich am Ende mit Dracula im Schloss. Der Leser kann dem uneingeschränkten Blick des Erzählers folgen.

Der Nachteil einer auktorialen Erzählperspektive liegt in der Distanz zu den Vorgängen: Der Leser ist nicht unmittelbar im Geschehen oder bei den Figuren, sondern teilt mit dem Erzähler die Rolle des Außenstehenden.

Die wichtigsten Punkte im Überblick:

- Allwissenheit, Vorausschau
- Distanz zu den Figuren und zum Geschehen
- Kommentarfunktion

Personale Erzählperspektive

Der Erzähler konzentriert sich nicht auf alle Figuren, sondern auf eine einzelne. Er betrachtet alles aus ihrer Perspektive und kann nicht beliebig die Szenerie wechseln. Damit verringert sich der Abstand zwischen dem Erzähler und dem Charakter. Trotzdem bleibt er allwissend und kann die Vorgänge kommentieren. Der Charakter wird zwangsweise zum Protagonisten, also zur Hauptfigur, da das Interesse während der ganzen Geschichte auf ihn gerichtet bleibt.
Ein Beispiel:

> Jonathan stand vor dem Schloss des Grafen, einem dunkeln riesigen Gebäude. Er vernahm nichts als die Stille um ihn herum. Er wollte gerade an das Tor klopfen und um Einlass bitten, als Graf Dracula ihm öffnete.

Im Unterschied zum ersten Beispiel lässt sich feststellen, dass kein Wechsel innerhalb des Handlungsortes stattfindet, der Erzähler bleibt die ganze Zeit über beim Helden und teilt dessen Wahrnehmung.

Die Besonderheit dieser Perspektive ist, dass der Leser nicht notwendig alle Handlungszusammenhänge erfährt, sondern nur Fragmente oder Konsequenzen bestimmter Vorfälle wie die Hauptfigur selbst. Diese Eigenheit des personalen Erzählens kann man einsetzen, um den Leser aufzufordern, die Handlungszusammenhänge selbst zu konstruieren.

Die wichtigsten Punkte im Überblick:

- einpersonige Perspektive
- subjektive Deutung
- geringere Distanz zur Figur
- eingeschränkte Einsicht in die Gesamtzusammenhänge
- Kommentarfunktion

Ich-Erzähler

Hier berichtet der Erzähler von sich selbst, das heißt in der ersten Person Singular, der so genannten Ich-Form. Dadurch erhält der Text einen stark subjektiv gefärbten Charakter. Statt einer allgemeingültigen Darstellung der Geschichte verfügt der Leser über das begrenzte Wissen einer involvierten Person.

Daraus ergeben sich starke Einschränkungen in der Erlebnis- und Darstellungsperspektive, denn der Protagonist kann nur von dem berichten, was sie tatsächlich erlebt oder fühlt. Das bedeutet, dass dem Ich-Erzähler Fehler unterlaufen können, dass er sich irrt oder eine Situation nicht richtig einschätzt.

Diese Erzählperspektive stellt höhere Anforderungen an die Leser, denn er muss die Ereignisse selbst interpretieren und bewerten. Eine Aufgabe, die bei der ersten Variante der auktoriale Erzähler übernommen hätte.

Der Vorteil eines Ich-Erzählers ist, dass sich der Leser mit der Figur direkt und ohne Distanz im Geschehen befindet. Er erlebt hautnah die Konflikte und Gefühle des Helden. Eine Facette dieser Erzählperspektive, ist die psychologische Tiefe, die den Ich-Erzähler nahezu automatisch auszeichnet. Der Leser sieht alles mit den Augen des Protagonisten und kann seinen innersten Gedanken folgen.

Ein weiteres Draculabeispiel:

> Ich erblickte das Schloss, ein dunkles, riesiges Gebäude. Um mich herum war es so still wie in einem Grab. Als ich an die Türe klopfen wollte, öffnete sich diese wie von Geisterhand. Als ich den Grafen erblickte, war mir, als gefröre mein Herz zu Eis.

Als Rezipient kann man im wahrsten Sinne die Gedanken und Gefühle von Jonathan Parker lesen. Diese Erzählform eignet sich für Tagebuchromane oder Briefromane, wobei sich hier zwei Ich-Erzähler abwechseln.

Die wichtigsten Punkte im Überblick:

- absolut subjektive Perspektive
- fehlende Distanz, Erzähler und Figur bilden eine Einheit
- stark eingeschränkte Einsicht in die Gesamtzusammenhänge
- Möglichkeit des Irrtums

Neutrale Erzählperspektive

Eine vierte Variante soll hier nur der Vollständigkeit halber erwähnt werden, denn sie spielt in der erzählenden Literatur eine untergeordnete Rolle. Die neutrale Erzählperspektive ist, wie der Name schon sagt, eine unpersönliche – eben neutrale – Beschreibung der Handlung. Zu keiner Zeit ist ein Erzähler wahrzunehmen, weder personal noch auktorial.

Diese Perspektive wirkt betont sachlich und wirft einen fast wissenschaftlichen Blick auf das Geschehen.

Ein letztes Mal soll Draculas Schloss als Beispiel dienen:

> Das Schloss Bran liegt in der gleichnamigen Ortschaft in Siebenbürgen, Rumänien. Die Beschreibung von Draculas Burg in Stokers Roman erinnert sehr stark an dieses Gebäude. Es gibt allerdings keine Quellen, die bezeugen, dass Vlad III. Draculea es je betreten hat.

Neben den vier Formen kann mit den Perspektiven gespielt werden. Durch die wörtliche Wiedergabe von Dialogen, Tagebuchaufzeichnungen oder Briefen lässt sich die Erzählsituation variieren und die Erzählstruktur anreichern und auflockern. Die Vorlage der oben genannten Beispiele, „Dracula“ von Bram Stoker, ist tatsächlich ein Brief- und Tagebuchroman. Die Handlung um den berühmtesten aller Vampire wird nur durch verschiedene Schriftstücke vorangetrieben. Mit geschickt verknüpften Passagen aus Tagebüchern, Briefen, einem Logbuch und Zeitungsartikeln vermittelt sich so dem Leser ein polyperspektivischer Blick auf die Ereignisse.

Die Charaktere

Die Figuren sind das Herzstück eines Buches. Hat man den Charakter der Hauptfigur erst einmal im Kopf, ergeben sich bereits daraus eine Reihe von Fragen, die bei der Entwicklung der Handlung hilfreich sind. Welche Träume hat der Held? Welche Schwächen? Wovor hat er Angst? Was ärgert ihn? Worüber freut er sich? Hat er Freunde oder Gegenspieler? Und die wichtigste Frage: Welchen Konflikt trägt er aus? – Werden Antworten auf diese Fragen gefunden, steht bereits das Gerüst der Handlung.

Zurück zu den Charakteren. Bei Kinderbüchern empfiehlt es sich, das Alter der Hauptfigur ein bis zwei Jahre über dem Lesealter der Zielgruppe anzusetzen. Kinder sind immer auf der Suche nach Neuem, und das sollte ihnen angeboten werden.

Es ist ratsam, das Identifikationspotential der Figur nicht aus den Augen zu verlieren. Ein Kind will sich in seinen Helden wiedererkennen und seine Sorgen und Freuden mit ihm teilen. Wesen mit märchenhaften Eigenschaften sollten in ihrer Charakterzeichnung menschliche Züge tragen. Eine Hexe, die sich fürchtet, oder ein Zauberer, der lispelt, sind fantastische Gestalten, die eine Möglichkeit zur Identifikation bieten. So gibt man den Charakteren eine spannende Mischung zwischen ungewöhnlichen, ausgefallenen und wiedererkennbaren, vertrauten Momenten.

Die beliebtesten Kinderbuchhelden sind jene, die den Leser immer wieder verblüffen. Kinder sind ohnehin spontaner und direkter als Erwachsene, diese Spontaneität sollte in die Figuren einfließen. Unerwartete Reaktionen haben neben dem Überraschungseffekt den Vorteil, dass die Erzählung lebendiger wirkt. Deshalb empfiehlt es sich, auf ausufernde Reflexionen zu verzichten und den Charakter stattdessen fühlen und handeln zu lassen. Anstelle seitenlanger Beschreibungen des Helden sollten seine Taten für ihn sprechen, das verleiht zusätzlich charakterliche Tiefe.

Ein Beispiel zur Verdeutlichung:

> Seit dem Tod seines Vaters ist Hamlet immer stiller und in sich gekehrter geworden. Er traut sich nur selten etwas zu sagen, und auch mit seinen Freunden Rosenkranz und Güldenstern will er nicht mehr spielen.

Obwohl dieser Stoff das Potential eines großen Bühnenstücks in sich trägt, klingt es so formuliert einfach langweilig. Besser wäre es so:

> Schmollend steht Hamlet in einer Ecke des Schlossparks. Rosenkranz und Güldenstern proben ihr langweiliges Theaterstück. Nein, darauf hat er jetzt wirklich keine Lust! Schnell weg von hier, bevor seine Mutter und sein Onkel auftauchen. Auf dem Weg zum Grab seines Vaters entdeckt Hamlet Ophelia, die am Flussufer sitzt und auf das Wasser starrt. Irgendwie ist die komisch, denkt er sich, besser ich versuche unbemerkt an ihr vorbeizukommen.

Ein Held braucht ein Gegenüber. Charaktere, die ein spannungsreiches Verhältnis zur Hauptfigur entwickeln, die stärker, schlauer oder vielleicht ungerecht sind, geben der Geschichte die notwendige Spannung und Glaubhaftigkeit. Statt die Freunde oder Gegenspieler des Helden auf bloße Schablonen zu reduzieren, kann man durch kleine Macken oder Besonderheiten aus den Nebenfiguren authentische Charaktere machen. Dadurch lassen sich die Handlungen und Gefühle des Helden psychologisch besser motivieren, und die Geschichte wird perspektivenreicher.

Um die Leser nicht in ein heilloses Durcheinander einer unübersichtlichen Anzahl von Charakteren zu werfen, ist es besser, die Figuren schrittweise vorzustellen. So hat man genügend Zeit und den Raum, sie angemessen darzustellen und Klischees zu vermeiden. Vorsicht ist bei zu vielen Charakteren geboten, denn das kann zu Unübersichtlichkeit und Verwirrung führen.

Ein spannender Charakter entwickelt sich. Er ist am Ende der Geschichte ein anderer als am Anfang. Eine Ente, die sich vor dem Wasser fürchtet und am Schluss immer noch, wird für viele Kinder eine unbefriedigende Lektüre sein. Besser ist es, die Ente beherzt in den See springen oder sie durch einen Zufall im kühlen Nass landen zu lassen.

Eine wichtige Rolle spielt das Geschlecht der Figuren. In einigen Genres bestimmt das Geschlecht des Helden die Zielgruppe. Der Protagonist in einem Buch über eine Ballettvorstellung wird ein Mädchen sein, denn das Buch wird wohl nur von Mädchen gelesen werden. Umgekehrt verhält es sich bei einer Geschichte über ein Fußballspiel;

hier agiert besser ein Junge. Ob es nun ein Mädchen- oder ein Jungenbuch wird, richtet sich also nach den Aktivitäten und dem Geschlecht des Protagonisten. Die Rollen lassen sich auch vertauschen, und plötzlich ist Tine die Heldin des alles entscheidenden Fußballspiels. Hier ist allerdings Vorsicht geboten, denn die Zielgruppe der fußballspielenden Mädchen ist kleiner als die Fraktion der rosa Tutu-Trägerinnen und es gibt auch genug Themen, die für Jungen und Mädchen gleichermaßen interessant sind.

Beim Beschreiben der Figuren kann es leicht geschehen, dass statt eines Charakters ein Klischee beschrieben wird. Der liebenswerte Held ist blond gelockt, hat einen sanften Blick und eine Stupsnase; dagegen ist der Bösewicht schwarzhaarig und blass, hat eine Hakennase und einen stechenden Blick. Solche Beschreibungen finden sich zahlreich in der Trivialliteratur, aber auch in Kinderbüchern wimmelt es von Klischees. Gute Literatur, ob nun für Kinder oder für Erwachsene, vermeidet Klischees. Bei Nebenfiguren sind sie insofern akzeptabel, als dass der Leser gleich ermessen kann, wer gut und wer böse ist. Beim Protagonisten ist jedoch eine stereotype Charakterzeichnung zu vermeiden.

Zehn Fragen, um eine Figur besser kennen zu lernen:

1. Welche sind die drei wichtigsten äußerlichen Merkmale?
2. Welche sind die drei bestimmenden Charaktermerkmale?
3. Was macht die Figur liebenswert?
4. Was macht sie unsympathisch?
5. Wo zeigt der Charakter eine bestimmte Eigenschaft?

6. Wie verändert er sich im Laufe der Erzählung?
7. In welcher Weise trägt die Persönlichkeit der Figur zu deren Erfolg oder Misserfolg bei?
8. In welchen Situationen könnte sie sich geschickter verhalten?
9. Was würde sich innerhalb der Geschichte ändern, wenn die Figur ein anderes Alter oder Geschlecht hätte?
10. Ist der Charakter glaubhaft?

Die Namen

Der Name sollte von den ersten Zeilen an feststehen, denn es ist schwieriger als man meint, im Nachhinein einen neuen Namen zu etablieren.

Bei der Wahl des Namens gibt es verschiedene Hilfsmöglichkeiten: Das Internet informiert zum Beispiel über die beliebtesten Vornamen, in Namensbüchern lässt sich die ursprüngliche Bedeutung des Namens nachlesen und Telefonbücher liefern einen Sammlung von Nachnamen. Es ist empfehlenswert, seiner Hauptfigur einen Nachnamen zu geben, selbst wenn dieser im Text nicht vorkommt. Der Held wird für den Autor fassbarer, was der Charakterzeichnung zu Gute kommt.

Länge und Klang des Namens vermitteln bereits gewisse Charaktereigenschaften. Ein kurzer und prägnanter Name wie Max vermittelt Aktionismus und Tatendrang, während ein längerer Name wie Maximilian Nachdenklichkeit aber auch Machtstreben signalisiert. Hingegen lässt ein hell klingender Name wie Leni an Unschuld und Kindlichkeit, Sanftmut oder Naivität denken; während Namen mit dunklen Vokalen wie Bruno Eigenschaften wie Ruhe und Besinnung assoziieren.

Es gibt auch die Möglichkeit, lautmalerische Namen wie Frau Holle oder sprechende Namen wie Rotkäppchen zu verwenden. Solche Namen sind eher für Bücher geeignet, die sich an jüngere Leser richten.

Eine weitere Frage, die sich stellt, ist: Wähle ich einen modernen oder einen klassischen Namen? Wer sich für einen zeitlosen Namen wie Christian oder Katharina entscheidet, kann nichts falsch machen. Auf der anderen Seite kann es von Vorteil sein, einen modernen Namen zu wählen, denn Tante XY kauft lieber das Buch, dessen Held den Namen ihres Neffen trägt.

Die wichtigsten Punkte, die bei der Namenswahl berücksichtigt werden sollten, im Überblick:

- Klang
- Länge
- Bedeutung
- klassisch oder modern

Hilfsmittel für die Namensfindung:

- Namenslisten im Internet
- Namensbücher
- Telefonbücher

Der Ort der Handlung

Der Schauplatz ist die Umgebung, in der das Geschehen angesiedelt ist. Der Handlungsort kann ganz verschiedene Funktionen haben:

- Atmosphäre schaffen (angenehm oder unangenehm, einsam oder gesellig, freundlich oder feindlich)
- Konflikte erzeugen, (besonders in unbekannten oder gefährlichen Gegenden)
- Handlung vorantreiben (beispielsweise durch häufigen Wechsel)

Um den Ort der Handlung zu charakterisieren, gibt es drei Möglichkeiten: Originalschauplätze, Milieus oder fiktive Orte.

Originalschauplätze

Spielt die Handlung in existierenden Städten oder Gegenden, ist eine realistische Darstellung wichtig. Zum einen, weil die dort lebenden Menschen sich an falschen Angaben stören könnten, und zum anderen, weil die ortsfremden Leser eine wahrheitsgetreue Beschreibung erwarten. Besser ist es, als Autor einen Ort zu wählen, von dem man nicht nur die Straßennamen kennt, sondern auch die Eigenheiten der Menschen, kulinarische Besonderheiten, das Klima oder ähnliches. Durch unverfälschte Ortsbeschreibungen vermittelt sich dem Leser ein Gefühl für Land und Leute. Kennt man sich in beliebten Gegenden nicht aus, ist eine der folgenden Varianten günstig.

Milieus

Die Schule, der Spielplatz, Wälder, Schlösser oder Bergwiesen können Schauplätze sein. Wird die Handlung in ein bestimmtes Milieu verlagert, verschiebt sich das Gewicht weg von einer realistischen und hin zu einer typischen Darstellung des Ortes. Der Moment des Wiedererkennens ist wesentlich, weshalb Milieus in Kinderbüchern besonders beliebt sind. Die Leser wissen, wie eine typische Schule aussieht, kennen den Wald mit seinen Tieren oder das Schloss, in dem ein König wohnt. Hier deutet sich bereits das Problem an, das mit der Darstellung von Milieus verbunden ist: die Verwendung von Klischees und Vorurteilen. Eindimensionale und langweilige Handlungsorte lassen sich vermeiden, indem man dem Schauplatz eine individuelle Note gibt, ihm Besonderheit verleiht.

Fiktive Orte

Als Autor kann man hier die Welt kreieren, die am besten zu den Figuren und zur Handlung passt. In der Science-Fiction- und in der Fantasy-Literatur gehören fiktive Orte zu den wesentlichen Gattungsmerkmalen, es werden buchstäblich neue Welten mit eigenen Regeln geschaffen.

Eine Zwischenform ist das Märchen, das im undefinierten „Es war einmal in einem fernen Land…“ spielt und sowohl fiktive als auch milieuartige Elemente wie Märchenschloss, Räuberwald oder Hexenhaus miteinander vereint.

In Kinderbüchern sollten keine Panoramabilder gemalt werden. Besser ist es, den Ort der Handlung knapp und eindrücklich zu beschreiben und ihn nebenbei in die Handlung einfließen zu lassen.

Ein Beispiel:

> Eva sitzt unter einem großen Baum und langweilt sich. So groß ist dieser Garten nicht, denkt sie, ich möchte bloß wissen, wo Adam schon wieder steckt. Wahrscheinlich ist er unten am Fluss und denkt, er könne im klaren Wasser etwas erkennen. Seufzend steht Eva auf und versucht durch die Büsche hindurch zu sehen. Da entdeckt sie einen großen roten Apfel.

Interessant wird die Umgebung, wenn sie aus kindlicher Perspektive heraus beschrieben wird. Kinder achten auf ungewöhnliche Details und verwenden bildliche Vergleiche wie: „Die Spitze des Turmes sieht aus wie eine Zwiebel." Oder: „Das Zimmer roch wie der Käse, den Karl nicht ausstehen kann."

Das Jugendbuch lässt bei der Ausgestaltung des Schauplatzes mehr Spielraum. Es finden sich von der abenteuerlichen Beschreibung der Prärie über die Alternativwelten der Fantasy-Romane bis hin zur realistischen Darstellung der Dritten Welt alle Darstellungsformen von Schauplätzen.

Um einen Handlungsort möglichst plastisch zu gestalten, oder sich bewusst zu machen, was verbessert werden kann, ist die Beantwortung folgender Fragen hilfreich:

1. Weshalb würde man gerne dort leben?
2. Weshalb würde man nicht gerne dort leben?
3. Wodurch wirken die Schauplätze realistisch?
4. Wodurch wirken sie fiktiv?
5. Welche Besonderheiten hat der Ort (Flora, Fauna, Technik, Klima)?
6. Weshalb passt der Schauplatz zur Handlung?
7. Welche Szenen der Handlung hätten auch an einem anderen Ort spielen können?
8. Weshalb könnten sie das?
9. Welche anderen Orte hätten als Schauplätze der Handlung dienen können?
10. Wie würde sich die Erzählung verändern, wenn sie an einem anderen Ort spielte?

Die Zeitform

In welcher Zeitform eine Geschichte verfasst wird, entscheidet sich meist unbewusst während des Schreibens, trotzdem lohnt es, sich darüber Gedanken zu machen.

Viele Kinderbücher verwenden das Präsens als Zeitform. Der Vorteil besteht darin, dass sich der Leser mit dem Protagonisten oder Erzähler in der Gegenwart befindet, was eine Unmittelbarkeit und Nähe zur Handlung erzeugt. Die Satzstruktur im Präsens ist wesentlich einfacher und übersichtlicher, denn oftmals sind Konstruktionen mit den Hilfsverben „sein", „haben" oder „können" unnötig. Auf der anderen Seite ist es schwierig, umfangreiche Zusammenhänge oder komplexe Erzählstrukturen ausschließlich in der Gegenwart zu schildern. Abhilfe schaffen Rückblenden in der Vergangenheitsform.

Das Präteritum baut einen größeren Abstand zum Geschehenen auf, das gegebenenfalls kommentiert werden kann. In der Vergangenheitsform lassen sich Reflexionen über die Handlung besser integrieren. Lebhafter und unvermittelter wird eine im Präteritum erzählte Geschichte durch den Einsatz von Dialogen in direkter Sprache (im Gegensatz zur indirekten Rede).

Bei der Verwendung verschiedener Zeitformen ist darauf zu achten, dass sich keine Brüche und Ungereimtheiten einschleichen.

Um herauszufinden, welche Erzählform – Vergangenheit oder Gegenwart – für eine Geschichte vorteilhaft ist, sollten beide Formen probiert werden. Dazu wird der Anfang einer Geschichte noch einmal in anderer Zeitform niedergeschrieben. Es kristallisiert sich schnell heraus, welche Form die passende für die Geschichte ist.

Grammatik und Wortschatz

Es ist ein weit verbreiteter Irrglaube, dass Kinderbücher in Kindersprache geschrieben werden sollen. Die gesprochene Sprache folgt anderen Regeln als das geschriebene Wort. Neben den ganzen „Ähs" und „Ähms", die beim Sprechen auftreten, reden weder Kinder noch Erwachsene in grammatikalisch richtigen und vollständigen Sätzen.

Kindern kann durch das Vorlesen oder das Selbstlesen ein Gefühl für Sprache vermittelt werden. Sie lernen so die Bedeutung und Verwendung von Wörtern kennen. Nichtsdestoweniger sollte man auf zu komplexe grammatikalische Strukturen wie eine Konstruktion mit mehreren Relativsätzen oder Einschüben verzichten.

Ein Beispiel:

> Das Mädchen, das so langes Haar hatte, dass dieses vom obersten Fenster des Turmes, in dem sie lebte, bis hinunter zur Erde reichte, hieß Rapunzel.

Besser klingt es so:

> Rapunzel lebte in einem Turm, und ihre langen Haare reichten vom obersten Fenster bis hinab zur Erde.

Auch zu viele Verben können einen Satz unübersichtlich machen.

Statt der Passivform:

> Rapunzels Haare sind so oft von ihr gekämmt worden, dass sie ganz dünn geworden sind.

Die Aktivform:

> Rapunzel kämmte ihre Haare so oft, dass sie nun ganz dünn sind.

Es empfiehlt sich, Aussagen knapp und klar zu formulieren. Dazu gehört, auf einleitende Formen wie „ich denke, dass ...“, „ich glaube, dass ...“ und dergleichen zu verzichten, diese Einführungen sind oft überflüssig und entsprechen nicht der Ausruckswise von Kindern, die direkt und weniger reflektiert ist.

Das jeweils geeignete Vokabular hängt vom Alter der Leser ab und kann selbst innerhalb einer Altersgruppe stark variieren. Ein Kind in der Großstadt wird – im Gegensatz zu einem Kind auf dem Dorf – im Alter von drei Jahren wissen, was eine U-Bahn ist. Es empfiehlt sich, gefühlsmäßig vorzugehen und abzuwägen, welche Worte ab einem gewissen Alter vorausgesetzt oder zugemutet werden können.

Je älter die Kinder sind, desto spezifischer kann die Begriffswahl werden. Für ein Kleinkind reicht die Bezeichnung Auto, für einen Fünfjährigen ist es ein Rennwagen und ein Zehnjähriger kann etwas mit einem Porsche Boxster anfangen.

Auf Fachbegriffe sollte im Allgemeinen verzichtet werden. Gehören bestimmte Begriffe in einen Themenkreis, können sie eingesetzt werden, um eine bestimmte Atmosphäre zu erzeugen. Handelt die Geschichte von Eskimos, können Iglu, Karibu oder Kajak durchaus eine Rolle spielen. Bei sehr ungewöhnlichen Begriffen sollte sich die Bedeutung aus der Handlung erschließen:

> Nanuk war ein guter Jäger. Er sah das Karibu und überlegte sich, wie er das Rentier am besten fangen könnte.

Dadurch vermeidet man Unklarheiten und stößt die Leser nicht auf Wissenslücken.

Fremdwörter sind im Regelfall wegzulassen, ebenso wie spezifisch regionale Ausdrücke. Besser ist eine allgemeinverständliche und eindeutige Wortwahl.

Der Titel

Die Frage nach dem Titel der Geschichte ist von immenser Bedeutung, er ist schließlich das Erste, was ins Auge sticht. Dieses Kapitel steht nicht ohne Grund an so später Stelle. So ernüchternd es klingt, aber der Titel wird fast immer vom Verlag ausgesucht. Das hat zwei Gründe: Zum einen stellt sich die Frage, ob bereits ein Buch mit diesem Titel erschienen ist, was ein urheberrechtliches Problem darstellt. Zum anderen sind Verlage besser darüber informiert, welche Titel im Moment Käufer anlocken und welche zu Ladenhütern verdammt sind.

Der Autor hat die Möglichkeit, einen Titel vorzuschlagen, sollte sich aber nicht darauf versteifen, dass sein Buch unter diesem Namen veröffentlicht wird. Ratsam ist es, lediglich einen Arbeitstitel auszusuchen, das kann der Name einer Figur sein oder ein prägnanter Vorfall – viel Zeit sollte für den Titel also nicht geopfert werden.

2. Die Korrekturen

Soll ein Text von einem Verlag herausgegeben werden, muss er auf verschiedene Gesichtspunkte hin geprüft werden. Das gehört zum Handwerk des Schreibens. Streng genommen ist das die eigentliche Arbeit eines Autors, denn eine Geschichte niederschreiben kann fast jeder, jetzt gilt es, sie zu einer guten Geschichte zu machen.

Als Erstes sollte man seine Geschichte eine Weile beiseite legen. Dadurch entsteht die nötige Distanz, um das Werk objektiver betrachten und inhaltliche oder formale Ungereimtheiten besser erkennen zu können.

Am sinnvollsten ist es, sich zunächst den Aufbau und die Textstruktur zu betrachten und erst im Anschluss Stil, Grammatik und Orthografie zu kontrollieren.

Schritt 1: Aufbau

Nicht streng notwendige Passagen sind überflüssig und müssen gestrichen werden. Ein Text gilt als gut, wenn jedes Wort, jeder Abschnitt für die Handlung oder das Verständnis des Textes unverzichtbar ist. Um das sicherzustellen, prüft man die Funktion eines jeden Absatzes, hat er:

- Auswirkung auf den Charakter des Helden?
- Entscheidungen oder Begebenheiten, die im Text zu weiteren Konsequenzen führen?
- Einen Wendepunkt oder baut ihn auf?
- Spannungssteigernde Funktion?
- Informationen, die für das Verständnis des Textes notwendig sind?
- Atmosphärischen Charakter?

Passt eines dieser Merkmale auf den entsprechenden Textausschnitt, ist er sinnvoll und notwendig. Trifft keiner dieser Punkte zu, sollte dieser Abschnitt gestrichen werden. Im Durchschnitt kann ein Text um etwa zehn Prozent gekürzt werden, ohne dass Handlung, Stil oder Verständnis darunter leiden.

Ausgehend vom gekürzten Text werden folgende Punkte überprüft und entdeckte Mängel korrigiert:

1. Ist der Handlungsablauf deutlich und gut nachvollziehbar?
2. Fehlen Informationen, die für das Verständnis der Handlung notwendig sind?
3. Gibt es unnötige Informationen?
4. Sind die Nebenhandlungen notwendig?
5. Stimmt die Balance zwischen Haupt- und Nebenhandlung?
6. Gibt es offene Handlungsstränge oder unbeantwortete Fragen?
7. Sind die Wechsel in der Erzählperspektive gewollt und notwendig oder ein Missgeschick?
8. Unterstützen Symbole, Leitmotive oder andere stilistische Mittel die Geschichte oder sind sie kontraproduktiv?
9. Ist der Anfang spannend?
10. Wie ist der Spannungsbogen aufgebaut? Gibt es eine sinnvolle und gute Anordnung spannungssteigernder und spannungslösender Momente?
11. Ist das Erzähltempo der Geschichte angemessen? Gibt es Wechsel im Tempo, und sind diese gewollt?
12. Ist die Motivation der Charaktere überzeugend?
13. Ist die Entwicklung der Charaktere glaubhaft?
14. Sind alle Nebenfiguren notwendig?
15. Wirken die Nebenfiguren zu farblos?

Schritt 2: Sprache und Stil

Nachdem die Struktur des Textes geprüft wurde, sollte die Sprache und Stilistik genauer betrachtet werden. Das ist die schwierigste Aufgabe, denn das spontan Niedergeschriebene trägt ein besonderes individuelles Gepräge. Allerdings feilten alle Autoren an ihren Texten, Goethe arbeitete an seinem Faust mehrere Jahrzehnte, Thomas Mann am Zauberberg immerhin noch sieben Jahre.

Doch was ist eigentlich Stil? In der Modewelt heißt es: Stil fällt auf, wenn man ihn nicht hat. In der Literatur ist es ähnlich, den meisten Lesern fällt eher schlechter als guter Stil auf. Erfahrungsgemäß sind es Sätze, die zwar grammatikalisch richtig, doch kompliziert im Aufbau oder mehrdeutig sind. Bei Kinder- und Jugendbüchern zählt ein klarer und eindeutiger Sprachstil.

Beispiele stilistischer Fragwürdigkeiten:

- ungeordnete Gedankengänge
- komplizierte Satzkonstruktionen wie Schachtel- oder Bandwurmsätze
- missverständliche Bedeutungen
- unnatürlich wirkender Sprachgestus
- abstrakte Formulierungen

Die eleganteren Alternativen:

- zwei kurze Sätze statt eines langen
- Gängige Begriffe statt Fremdwörter

- Aktivformen („er *liest* Bücher“) statt Passivformen („die Bücher *wurden* von ihm *gelesen*“)
- Verben („er *liest* gerne Bücher“) statt Hauptwörter („er liebt das *Lesen* von Büchern“)
- konkrete Beispiele oder Bilder statt abstrakter Reflexionen

Sparsam einzusetzen sind:

- Modewörter (zum Beispiel: cool, prima, schmissig)
- Phrasen und Klischees (jemanden „den Wind aus den Segeln nehmen“ oder „reinen Wein einschenken“)
- Füllwörter („aber“, „auch“, „dennoch“; ausführliche Listen finden sich im Internet)
- Adjektive (Adjektive sind nur nötig, wenn auch das Gegenteil einen Sinn ergibt, zum Beispiel ein alter Mann – ein junger Mann.)

Ganz verzichten sollte man auf:

- Wortwiederholungen
- falsch gebrauchte Wörter (zum Beispiel kann das Wort „verschieden“ nicht gesteigert werden).

Generell eignet sich für Kinderbücher ein eindeutiger und bildhafter Stil. Der Leser sollte das Gefühl haben, dass das Gelesene gleichsam wie ein Film auf einer inneren Leinwand zu sehen ist.

Schritt 3: Die Formalien

Um einen Text in möglichst perfekter Form abzugeben, empfiehlt sich, neben Rechtschreibung und Grammatik, die Überprüfung der Formalien.

Abkürzungen

Im Text sind Abkürzungen wie usw., km, etc. zu vermeiden, indem sie ausgeschrieben werden.

Es gibt zwei Ausnahmen, zum einen Abkürzungen, die zur Umgangssprache gehören (ARD statt Arbeitsgemeinschaft der öffentlich-rechtlichen Rundfunkanstalten der Bundesrepublik Deutschland), und zum anderen so genannte Kurzwörter (Uni für Universität).

Anführungszeichen

Das einleitende Anführungszeichen steht immer unten („), das abschließende immer oben ("). Die französische Form, «die so aussieht», ist in der deutschen Literatur ungebräuchlich.

Wörtliche Rede steht stets in Anführungszeichen. Dabei muss gut erkennbar sein, wer gerade spricht, weshalb bei einem Sprecherwechsel mit einer neuen Zeile begonnen werden sollte.

Wird eine direkte Rede eingeleitet, steht davor ein Doppelpunkt (Er sagte: „Nein!"). Geht der Satz nach der wörtlichen Rede weiter, folgt auf das schließende Anführungszeichen immer ein Komma („Nein!", sagte er.)

Auch Zitate sollten in Anführungszeichen gesetzt oder zumindest durch einen Hinweis oder eine andere Schriftart kenntlich gemacht werden.

Wird ein Zitat durch einen Einschub unterbrochen, werden die Einzelteile jeweils in eigene Anführungszeichen gesetzt. („Nein", sagte er, „ich will nicht.")

Auslassungspunkte

Abgebrochene Reden, verschwiegene Gedankenabschlüsse oder unwichtige Auslassungen bei Zitaten werden durch drei Auslassungspunkte gekennzeichnet. Sie werden durch Leerzeichen von den umgebenden Wörtern getrennt, außer die Auslassung bezieht sich auf ein Wortteil.

Stehen die Auslassungszeichen am Ende eines Satzes, ist kein Schlusspunkt zu setzen, es sei denn, die Auslassungszeichen befinden sich in einer Klammer.

Beginnt eine Auslassung nach einem Schlusspunkt oder einer Abkürzung mit Punkt, zählt dieser nicht zu den drei Auslassungspunkten (bzw. …).

Bindestrich und Gedankenstrich

Der Bindestrich ist kurz (-), der Gedankenstrich ist lang (–).

Bindestriche werden als Ergänzungsstrich (Kinder- und Jugendbuch), als Hervorhebung (Schiff-Fahrt), bei Aneinanderreihungen (Din-A4-Blatt) und bei Komposita Grimm-Museum) eingesetzt.

Der Gedankenstrich ersetzt den Punkt am Ende eines Satzes, um die gedankliche Zusammengehörigkeit zum nächsten zu betonen, aber auch Komma oder Doppelpunkt, wenn diese zu schwach erscheinen. Er dient auch zur Vorbereitung auf Unerwartetes, als Pause, die die Spannung auf das Kommende erhöht, oder als überraschender Abschluss.

Genitiv-s

Vor einem Genitiv-s steht im Allgemeinen kein Apostroph, es heißt demnach nicht „Grimm's" sondern „Grimms Märchen". Lediglich bei Namen, die auf -s, -ss, -ß, -tz, -z, -x oder -ce enden und nicht durch einen Artikel näher spezifiziert sind, kann ein Apostroph gesetzt werden.

Leerzeichen

Vor einem Satzzeichen steht nie ein Leerzeichen, nach einem Satzzeichen immer.

Nach einführenden oder vor schließenden Klammern stehen keine Leerzeichen.

Es sollten keine doppelten Leerzeichen im Text vorkommen. Das lässt sich am schnellsten über die Suchfunktion des Textverarbeitungsprogramms überprüfen (bei Microsoft Word unter dem Menüpunkt „Bearbeiten").

Zahlenangaben

Zahlen lassen sich als Ziffern oder in Buchstaben schreiben. Die Regel lautet, dass die Zahlen von eins bis zwölf in Buchstaben und ab der Zahl 13 in Ziffern zu schreiben sind. Allerdings können auch Zahlen, die kleiner als 13 sind, als Ziffern geschrieben werden. Das trifft vor allem bei Statistiken zu oder wenn die Zahl beziehungsweise das bezifferte Hauptwort Aufmerksamkeit erwecken soll.

Falls doch Abkürzungen verwendet werden, ist zu beachten, dass vor Abkürzungen von Maßeinheiten oder Währungen die Zahl in Ziffern zu schreiben ist, zum Beispiel 5 km oder 5 EUR. Kürzt man Maßeinheiten oder Währungen – wie empfohlen – nicht ab, gelten beide Möglichkeiten: 5 oder fünf Kilometer beziehungsweise 5 oder fünf Euro.

In erzählenden Texten wird die buchstäbliche Wiedergabe von Zahlen favorisiert, sofern sie übersichtlich ist. Niemand würde einhundertdreiundzwanzigtausendsiebenhundertdreizehn ausschreiben, 123.713 ist in diesem Fall einfacher zu lesen.

Die Uhrzeit wird in der Regel durch Zahlwörter angegeben und kann mit oder ohne „Uhr“ geschrieben werden, entweder „gegen elf“ oder „gegen elf Uhr“. Für die zweite Hälfte des Tages empfiehlt sich, statt „dreiundzwanzig Uhr“ eine adverbiale Angabe wie „elf Uhr nachts“ zu verwenden. Zeitangaben wie 23.00 Uhr gehören eher in die Amtssprache als in erzählende Texte.

Die Angaben richten sich überwiegend nach dem Duden Band 9: „Richtiges und Gutes Deutsch“.

Schritt 4: Feinschliff

Zum Abschluss empfiehlt es sich, den Text noch einmal im Gesamten anzusehen.

Indem die Geschichte laut vorgelesen wird, bekommt man ein Gefühl für den Rhythmus des Textes. Ist er stimmig oder sollten Disharmonien ausgebessert werden? Wo kommt der Lesefluss ins Stocken, weil die Sätze zu lang oder zu kompliziert sind?

Wichtig ist die Einheitlichkeit des Textes. Entwickelt sich die Handlung logisch? In Kinderbüchern sollte es keine zu großen Sprünge im Handlungsablauf geben. Die Chronologie und die Folgerichtigkeit der Geschehnisse sollten erneut geprüft werden. Wurden Zeitform und Erzählperspektive durchgängig eingehalten? Ist der Stil einheitlich? Stimmen Rechtschreibung und Grammatik?

Schritt 5: Die ersten Leser

Bei Kinderbüchern empfiehlt es sich, Kindern den Text vorzulesen und deren Reaktionen zu beobachten. Wenn die Kinder gespannt zuhören, ist die Passage offensichtlich geglückt. Macht sich Langeweile breit, muss die Textstelle gekürzt oder aufgepeppt werden. Kinder sind spontan und sagen ungeschminkt ihre Meinung. Was hat ihnen gefallen? Was nicht? Sind Unklarheiten im Text, Zusammenhänge, die unübersichtlich sind, oder Wörter, die nicht verstanden werden?

Die eigentlichen Korrekturen – Handlungslogik, Stilistik, Orthografie und Grammatik – sind der Bereich der Erwachsenen. Familienmitglieder oder Freunde sind zwar die einfachste, aber nicht immer die beste Variante. Das persönliche Umfeld findet erfahrungsgemäß alles fantastisch, was es an Selbstgeschriebenem zu lesen bekommt. Geeigneter sind Leser, die gut in Grammatik und Orthografie sind oder inhaltliche und stilistische Fehler bemerken. Es empfiehlt sich, den Text von mehreren Lektoren prüfen zu lassen. Welche Verbesserungen dann letztendlich übernommen werden, bleibt natürlich dem Autor überlassen.

Hat man nicht das Glück, im Bekanntenkreis erfahrene Leser zu haben, helfen Internetforen weiter. Hier finden sich schnell passende Ansprechpartner und zudem lassen sich Kontakte mit anderen Autoren knüpfen.

3. Schreibübungen

Schreibübungen, wie sie in Creative-Writing-Kursen durchgeführt werden, machen aus mehreren Gründen Sinn. Indem er sich mit neuen Perspektiven, Erzählformen oder Texttypen auseinanderzusetzen muss, kann der Autor sein Spektrum erweitern. Gleichzeitig unterstützen Schreibübungen die Entwicklung eines eigenen Stils und einer eigenen Sprache. Sie dienen ferner der Ideenfindung, helfen bei der Handlungs- und Charakterentwicklung und der Überwindung von Schreibblockaden.

Ideenfindung

Die folgenden Methoden eignen sich, um neue Ideen zu entwickeln. Durch die methodische Änderung der gewohnten Denkrichtung entstehen neue Ansätze und Lösungen, die als Basis für das eigene Schreiben verwendet werden können. Anders als bei einer plötzlichen Idee oder einem Geistesblitz können anhand dieser Übungen systematisch die Kreativität trainiert oder Schreibblockaden überwunden werden.

Kreativitätsübungen liefern innerhalb kurzer Zeit sehr viele Ideen. Dabei können ganz unterschiedliche Ergebnisse erzielt werden. Manche Gedanken müssen schlicht und ergreifend verworfen werden, andere liefern eine Textidee oder können als Erweiterung einer bereits existierende Geschichte fruchtbar gemacht werden.

Nicht jedem Autor liegt jede Methode, deswegen werden im Folgenden unterschiedliche Kreativitätsübungen vorgestellt. Es lohnt sich, ein paar davon auszuprobieren, schon um herauszufinden, ob diese Ansätze für das eigene Schaffen nutzbar gemacht werden können.

Brainwriting

Brainwriting ist eine Kreativitätstechnik, die dem Brainstorming ähnelt. Der Unterschied besteht darin, dass statt eines gemeinschaftlichen Ideensammelns in der Gruppe hier allein und in Ruhe Ideen gesammelt und niedergeschrieben werden. Das Brainwriting vollzieht sich in drei Arbeitsschritten:

1. Problemstellung/Themenwahl/Figurcharakterisierung:

   - möglichst konkrete Formulierung des Anliegens

2. Ideenentwicklung:

   - fester Zeitrahmen, etwa fünf bis zehn Minuten
   - alles wird niedergeschrieben, selbst wenn es unsinnig und unlogisch erscheint
   - je fantasievoller desto besser, dadurch ergeben sich mehr Möglichkeiten, Ansätze weiterzuentwickeln

3. Sortierung und Bewertung der Ideen:

   - Aussortieren unnützer Ideen
   - thematische Ordnung
   - Bewertung der Ergebnisse
   - Weiterentwicklung der besten Ansätze

Die Vorteile des Brainwritings sind zahlreich. Durch die feste Zeitvorgabe und die Zensurfreiheit lassen sich effizient Schreibhemmungen überwinden und gleichzeitig innovative und ungewöhnliche Themensammlungen erstellen. Die Möglichkeiten, die ein Motiv bietet, können schnell abgeschätzt werden, was bei der Themenauswahl hilfreich ist.

Wörterliste

Die Listen dienen dazu, Wörter und Begriffe zu einem Problem zu sammeln. Das Thema selbst bestimmt die Ordnung der Wörterliste. Eine Aufstellung für ein Jugendbuch mit dem Thema Reggae könnte beispielsweise so aussehen:

R asta
E thiopia
G anja
G orgon
A bessinien
E arl Zero

Eine andere Variante ist die ABC-Liste, auch alphabetisches Abecedarium genannt. Für jeden Buchstaben des Alphabets soll ein Wort gefunden werden. Für das Reggae-Beispiel könnte das so aussehen:

A frica
B ob Marley
C ulture
D readlocks
...
X -Ray-Music
Y ard Style
Z ion

In einem zweiten Schritt sind die Begriffe in einer Rangliste vom besten bis zum schlechtesten Einfall zu sortieren. Durch das Erstellen einer solchen Hierarchie verschafft man sich schnell einen Überblick über die Motive, die verwertbar sind, und diejenigen, die verworfen werden sollten.

Übrigens ist das Abecedarium eine Sonderform der Lyrik, in der jede Strophe, jeder Vers oder jedes Wort eines Gedichtes mit einem anderen Buchstaben des Alphabets beginnt.

Clustering

Das Cluster-Verfahren ist eine Methode, die ähnlich wie das Brainwriting auf Assoziationsketten beruht. Allerdings werden hier die Gedankenströme nicht chronologisch, sondern nach Zusammengehörigkeit niedergeschrieben. Der Hintergrund dieser Methode ist die Annahme, dass Kreativität durch das Zusammenwirken von bildlichem (rechte Gehirnhälfte) und begrifflichem (linke Gehirnhälfte) Denken gefördert werden kann. Die Regeln sind sehr einfach:

1. Bildung des Clusterkerns:
   - ein Wort wird notiert und ein Kreis darum gezogen

2. Assoziationsanordnung:
   - alle Assoziationen werden notiert, es gibt keine Zensur
   - jede Assoziation wird wieder umkreist und mit der vorherigen Assoziation durch einen Strich verbunden

- alle Assoziationsketten gehen vom Clusterkern aus
- ergeben sich zwischen den separaten Clustern Assoziationszusammenhänge, können auch diese durch einen Strich verbunden werden
- wichtige Verbindungslinien können verstärkt oder farblich hervorgehoben werden

Das folgende Beispiel zeigt stark vereinfacht, wie ein Cluster aussehen könnte, das für ein Jugendbuch die Probleme der Pubertät entwickelt:

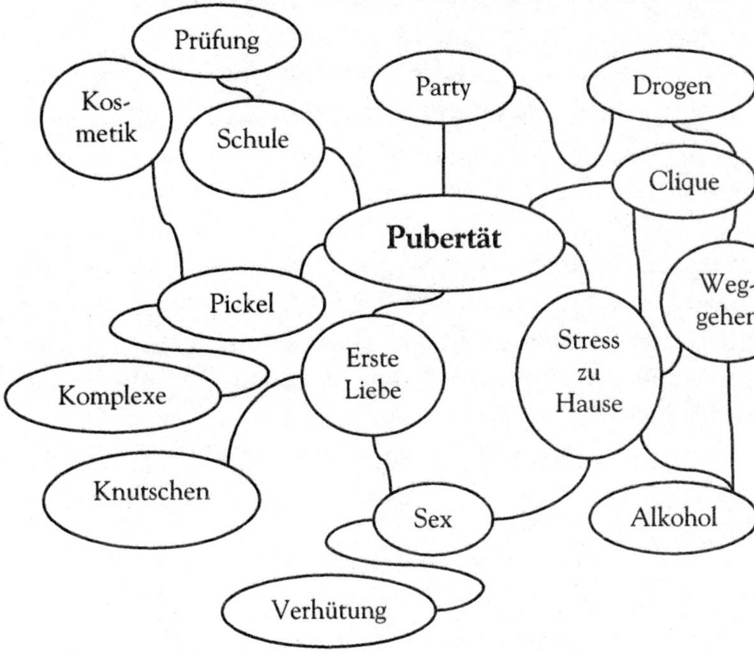

Im Gegensatz zu einfachen Ideensammlungen lassen sich hier Assoziationsketten bilden, die in verschiedene Richtungen erweiterbar sind. Aus der spontanen Idee kann so modellhaft die Handlungsstruktur einer Geschichte entwickelt werden.

Kopfstandtechnik

Wie es der Name andeutet, geht es um die Verdrehung der Perspektive. Die ursprüngliche Aufgabenstellung wird negiert, indem sie – bildlich gesprochen – auf den Kopf gestellt wird. Der Ablauf sieht wie folgt aus:

1. Umkehrung der Aufgabenstellung oder Frage
2. Lösungs- oder Antwortsuche
3. Negation der Lösungs- oder Antwortsuche
4. Entwicklung einer konkreten Lösungsidee

Ein Beispiel:

Was macht einen interessanten Charakter aus?
Was macht einen langweiligen Charakter aus?
Er schläft viel, er sagt nichts, er unternimmt nichts, er hat keine Freunde, er ist mürrisch, er ist einfach gestrickt, er ist naiv, er ist emotionslos …
Er ist wach, er redet viel, er unternimmt viel, er hat viele Freunde, er ist freundlich, er ist vielschichtig, er ist clever, er ist gefühlsbetont …

Diese Technik lässt sich ferner innerhalb eines Textes anwenden, indem Wörter durch ihr Gegenteil ersetzt werden und so ein neuer Effekt erzielt wird. Die Geschichte lässt sich dadurch besser einschätzen und die gewonnenen Ergebnisse können als ironisierendes Stilmittel eingesetzt werden.

Semantische Intuition

Bei der semantischen Intuition entstehen durch ungewöhnliche Kombinationen von Wörtern neue Ideen. Diese Art des Kreativitätstrainings hilft, wenn man in seine Geschichte außergewöhnliche Objekte integrieren möchte. Die Vorgehensweise ist folgende:

1. Auflistung von themennahen Begriffen (beispielsweise durch Brainwriting)

2. Bildung neuer Ausdrücke durch beliebige Anordnung (im Kopf oder durch Ausschneiden der Begriffe und deren Kombination)

3. Definition des neugewonnenen Begriffs, durch Fragestellungen wie:

   - Wie sieht er aus?
   - Was kann man damit machen?
   - Wie könnte er funktionieren?
   - Wer würde ihn verwenden?

Die Walt-Disney-Methode

Die Walt-Disney-Methode ist eine Kreativitätsübung, die auf dem Prinzip eines Rollenspiels beruht. Die Figur oder das Problem wird aus verschiedenen Blickwinkeln betrachtet. Es gibt drei Rollentypen, die durch spezifische Eigenschaften charakterisiert werden:

1. Der Träumer (Ideenlieferant):

   - Subjektivität
   - Emotionalität
   - Wertungsfreiheit

2. Der Realist (aktive Rolle):

- Pragmatismus
- Praxisnähe
- Logik

3. Der Kritiker (Qualitätsmanager):

- Prüfung
- Fehleranalyse

Nachdem eine Figur oder ein Problem bestimmt wurde, betrachtet man es aus der Perspektive des Träumers. Hier werden vor allem Ideen gesammelt, ohne sie auf ihren praktischen Nutzen hin zu prüfen. Danach wird zu einer realistischen Analyse gewechselt, in der vor allem logische und rationale Argumente zählen. Die kritische Position versucht die jeweiligen Vor- und Nachteile gegeneinander abzuwägen. Die Positionen werden so lange verändert, bis ein zufriedenstellendes Ergebnis erreicht ist.

Cut-up-Methode

Die Cut-up-Methode ist eigentlich eine Montagetechnik. Sie wurde in den sechziger Jahren zur Erzielung traum- und rauschähnlich wirkender Texte entwickelt. W. S. Burroughs, der bekannteste Vertreter dieser Technik, beschreibt den Vorgang so: „Eine Textseite (von mir selbst oder von einem anderen) wird in der Mitte der Länge nach gefaltet und auf eine andere Textseite gelegt. Die beiden Texthälften werden ineinander ‚gefaltet', d. h. der neue Text entsteht, indem man halb über die die eine Texthälfte und halb über die andere liest." (Zitiert nach: „Metzler Literaturlexikon", S.91.)

Ein alternatives Verfahren besteht darin, aus Zeitungen und Zeitschriften wahllos Sätze, Satzfragmente und einzelne Wörter auszuschneiden und anschließend zu einem sinnvollen Text zusammenzusetzen. Am besten eignen sich kurze literarische Formen wie Gedichte, Aphorismen oder Anekdoten.

Zufallstechnik

Das Prinzip dieser Technik ist es, aus zufälligen Quellen Anreize für neue Assoziationen und Ideen zu finden. Der Ablauf ist wie folgt:

1. Formulierung einer konkreten Frage oder eines bestimmten Problems
2. Bereitstellung verschiedener Medien als mögliche Quellen
3. Zufällige Auswahl von Wörtern, Absätzen oder Bildern
4. Entwicklung der Lösung des Problems oder Beantwortung der Frage

Die Quellen für die Zufallstechnik können unterschiedlich sein, es empfehlen sich zum Beispiel:

- Nachschlagewerke wie Lexika, Wörterbücher

- Kataloge
- Zeitungen und Zeitschriften
- Kunstbände

Der Vorteil dieses Verfahrens liegt im Gewinn ungewöhnlicher Ansätze und Aspekte, die dem Text eine neue Richtung geben können. Wird dieses Verfahren als Erweiterung eines bereits bestehenden Textes angewandt, ist darauf zu achten, dass sich die entwickelten Ideen logisch in die Gesamtgeschichte einfügen.

Alternativ lässt sich diese Technik als Themenvorgabe für literarische Kurzformen verwenden.

Mindmapping

Neben dem Brainstorming ist das Mindmapping das erfolgreichste Konzept der Ideenentwicklung. Hier geht es weniger um das Generieren von Ideen durch Assoziationen, sondern um das gezielte Strukturieren von Inhalten. Das Konzept wird sowohl in schöpferischen Bereichen als auch als Lernalternative oder zur Gliederung von komplexen Stoffen angewandt. Das Vorgehen ist folgendermaßen:

1. Formulierung des zentralen Themas in die Mitte eines Blattes
2. Bildung von Hauptästen und Unterästen ausgehend vom Thema
3. Benennung der Schlüsselwörter auf den Ästen

4. Positionierung jedes Wortes auf einen eigenen Haupt- oder Unterast

Die Karte wirkt durch abwechslungsvolle Gestaltung übersichtlicher:

- Verwendung unterschiedlicher Farben
- Einsatz von Symbolen wie Pfeile, geometrische Figuren, kleinen Bildern, gemalten Ausrufe- oder Fragezeichen
- Schrift in verschiedenen Schriftgrößen und -arten
- Unterstreichungen oder Rahmen

Das folgende Beispiel zeigt in vereinfachter Form die Themenentwicklung eines Detektivromans für Kinder.

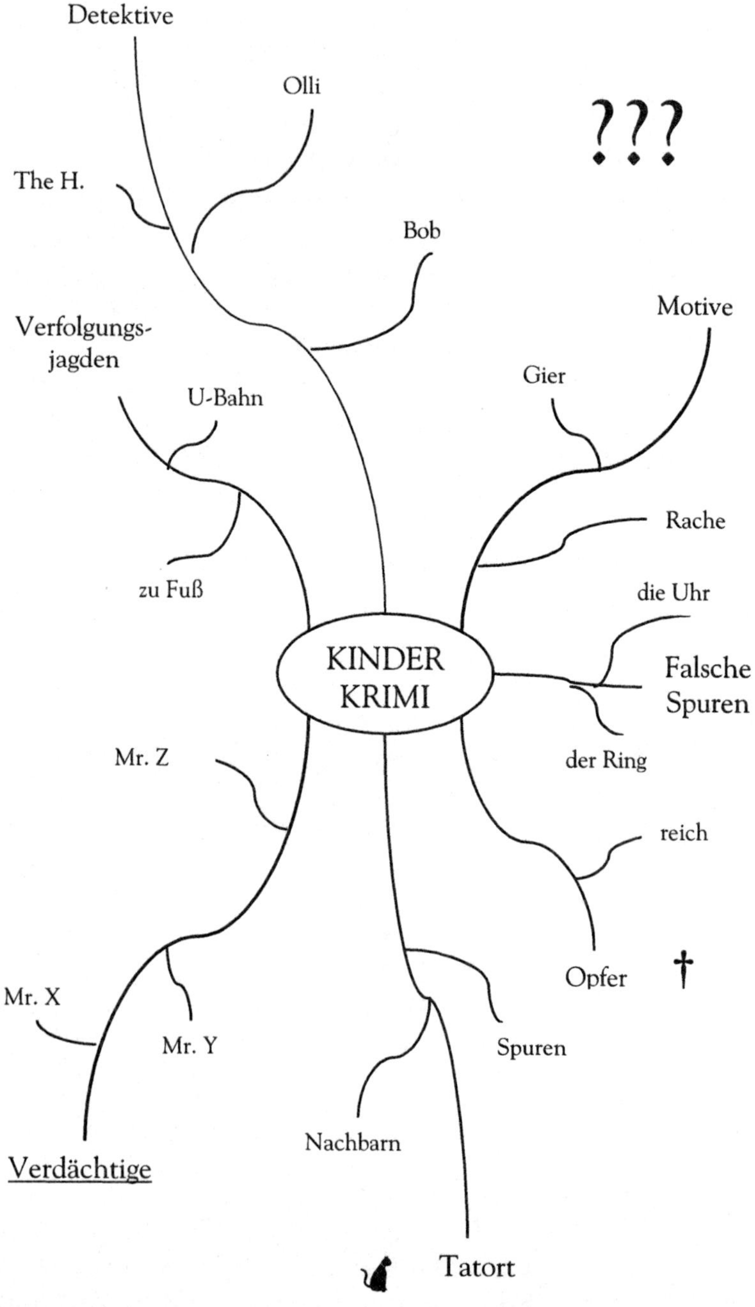
Detektive
Olli
???
The H.
Bob
Motive
Verfolgungs-
jagden
Gier
U-Bahn
Rache
zu Fuß
die Uhr
KINDER
KRIMI
Falsche
Spuren
Mr. Z
der Ring
reich
Opfer
Mr. X
Mr. Y
Spuren
Nachbarn
Verdächtige
Tatort

Wie der Name sagt, versuchen Mindmaps Gedanken abzubilden. Dem Prinzip liegt die Annahme zugrunde, dass das Denken kein linearer, sondern ein komplexer Vorgang ist, während dessen sich immer wieder neue Assoziationsketten bilden. Durch die Abbildung dieser Gedankenströme sowie durch die Hervorhebung bestimmter Gedanken oder Bilder werden zudem beide Gehirnhälften aktiviert, was sich beispielsweise in einer kürzeren Auffassungszeit bemerkbar macht.

Aber Mindmaps haben zahlreiche andere Vorzüge. So wird durch die Verästelung das Verhältnis der Gedanken zueinander hergestellt. Diese Hierarchie ist nicht nur übersichtlicher als eine bloße Motivsammlung, sie zeigt auch Lücken auf. Aufgrund der grafischen Darstellung lässt sich schnell erfassen, welche Ideen und Motive bereits ausführlich und welche noch unzureichend entwickelt wurden. Ein weiterer Vorteil der Mindmaps ist, dass sie sich leichter ergänzen lassen als lineare Aufzeichnungen, da jederzeit neue Zweige und Äste hinzugefügt werden können.

Eine Unterform ist das Soziogramm, in dem die sozialen Beziehungen der Charakter grafisch dargestellt werden. Bildet der Protagonist den Kern, lassen sich ausgehend von diesem seine Feinde zum Beispiel in roter Schrift und seine Freunde in grüner Schrift anordnen. Daneben können die Beziehungen der Figuren untereinander übersichtlich dargestellt werden, was besonders bei figurreichen Texten vorteilhaft ist.

Automatisches Schreiben (écriture automatique)

Das automatische Schreiben ist eine Technik, die ursprünglich entwickelt wurde, um vor- oder unbewusste psychische Prozesse sichtbar zu machen, und war deshalb im Surrealismus ein beliebtes Schreibverfahren. Ziel ist es, den wirklichen Ablauf des Denkens, ein so genanntes Denkdiktat, niederzuschreiben. Während des Schreibprozesses gilt es, sich nicht nach der Vernunft zu richten, sondern unabhängig von ästhetischen oder inhaltlichen Fragestellungen alles niederzuschreiben, was einem durch den Kopf geht.

Für das automatische Schreiben empfiehlt sich eine konkrete Zeitvorgabe, zirka zwischen fünf und zehn Minuten. Zudem gilt es, ununterbrochen zu schreiben. Reißt der Schreibfluss ab, wird das letzte Wort so oft wiederholt, bis neue Ideen niedergeschrieben werden können.

Eine Alternative ist das freie Schreiben nach der Stichwortmethode. Ausgehend von einem Begriff oder einem Thema wird fünf Minuten lang alles aufgeschrieben, was einem einfällt.

Stilübungen

Schreibübungen gehören zu den gängigen Aufgaben in Schreibschulen oder Creative-Writing-Kursen. Das hat einen guten Grund. Durch diese Übungen lernt man nicht nur, welche Textarten und Schreibmöglichkeiten es gibt, sondern auch, welche Textart am besten zu einer bestimmten Idee passt oder wie durch Modifikation der Form, Perspektive oder Zeit die Wirkung einer Geschichte verändern werden kann.

Das Spiel mit den verschiedenen Möglichkeiten hilft dabei, als Autor einen eigenen Stil zu finden, Es wird schnell deutlich, welche Form den Schreibimpuls unterstützt und welche sich nur schwer mit Inhalten füllen lässt. Auf diese Weise lernt man eigene Schwächen kennen und kann gezielt daran arbeiten, was sich am Ende auch in der Qualität der Texte niederschlägt.

Diese Übungen sind auch hilfreich, wenn eine Geschichte ins Stocken geraten ist. Vielleicht wurde die Idee im falschen Genre erzählt und kann in anderer Form besser umgesetzt werden. Bisweilen hilft es auch, die Geschichte aus einer anderen Erzählposition heraus zu erzählen, und so den Handlungsknoten spannender zu konstruieren.

Nicht zuletzt helfen die Übungen dabei, systematisch Schreibblockaden zu überwinden. Die Übungen sind Experimente, bei denen nicht zwingend ein nutzbares Ergebnis zustande kommen muss – dieses Bewusstsein befreit vom hemmenden Erfolgsdruck und es lässt sich unbefangener schreiben. Gleichwohl finden sich oftmals neue Ideen und Ansätze, die für das eigentliche Projekt weiterverwendet werden können.

Die folgenden Übungen können nach Bedarf angewendet und abgewandelt werden. Als Vorlage für die praktischen Beispiele dienen durchgängig die Verse des Struwwelpeters.

> Sieh einmal, hier steht er,
> pfui, der Struwwelpeter!
> An den Händen beiden
> ließ er sich nicht schneiden
> seine Nägel fast ein Jahr;
> kämmen ließ er nicht sein Haar.
> Pfui, ruft da ein jeder:
> Garstger Struwwelpeter!

(Zitiert nach Heinrich Hoffmann: „Der Struwwelpeter", München 1994.)

Ziel dieser Übung ist es, sich bewusst zu machen, aus welcher Sicht eine Geschichte erzählt wird. Indem die Perspektive verschoben wird, erschließen sich neue inhaltliche Aspekte, und der Text erhält eine andere Wirkung. Am günstigsten ist eine kurze Passage aus einem beliebigen Text, etwa zwei bis drei Seiten, dessen Handlung aus einem veränderten Blickwinkel erzählt wird.

Für einen Perspektivwechsel eröffnen sich zahlreiche Möglichkeiten. Zunächst lässt sich die Erzählhaltung variieren, beispielsweise durch einen Wechsel von einer neutralen zu einer personalen Perspektive oder von einem auktorialen zu einem Ich-Erzähler. Alternativ lässt sich bei einer personalen Erzählperspektive die Fokussierung von einem Charakter auf einen anderen verschieben. Das wird erreicht, indem die Geschichte nicht aus Sicht des Helden, sondern aus der seines Widersachers oder einer Nebenfigur erzählt wird.

Beispiele für die unterschiedlichen Perspektiven:

> Neutral:
> „Es ist allgemein bekannt, dass der Struwwelpeter nicht auf eine gepflegte Erscheinung achtete."
>
> Auktorial:
> „Der Struwwelpeter ließ sich ein Jahr lang weder die Fingernägel schneiden noch die Haare kämmen."

Personal Hauptperson:
„Ich will mir nicht die Fingernägel schneiden oder die Haare kämmen, dachte er bei sich."

Personal Nebenperson:
„Irgendwie tat ihr der Struwwelpeter leid, so schlimm waren seine langen Fingernägel und die ungekämmten Haar nun auch wieder nicht."

Personal Gegner:
„Sie fand den Struwwelpeter mit seinen langen Fingernägeln und den ungekämmten Haaren einfach nur pfui."

Ich-Erzähler:
„Ich finde den Struwwelpeter mit seinen langen Fingernägeln und den ungekämmten Haaren einfach nur pfui."

Gattungsübersetzungen

Um sich nicht von Formgrenzen einengen zu lassen, sollten verschiedene Gattungen ausprobiert werden. Das Prinzip ist einfach, man wählt einen beliebigen Text eines beliebigen Genres und übersetzt ihn in ein anderes. Da dies eine Übung und kein Lebenswerk ist, sind kurze Formen zu bevorzugen.

Eine Kurzgeschichte könnte so anfangen:

> Ich bin der Peter. Na ja, eigentlich nennen mich alle nur noch Struwwelpeter. Aber ich finde das mit diesem Sauberkeitswahn echt anstrengend. Ständig zupft und zieht man an mir herum, und ich will eigentlich nur meine Ruhe haben, um…

Ein Brief möglicherweise so:

> Lieber Peter,
> ich habe einen Brief von Deiner Mutter erhalten und konnte gar nicht glauben, was sie schrieb. Du würdest dir nicht mehr die Nägel schneiden und dich nicht mehr kämmen? Ich dachte immer du…

Ein Zeitungsartikel so:

> Nach derzeit mehr als zwölf Monaten scheint es noch immer keine Besserung im Fall Struwwelpeter zu geben. Nach Bekanntgabe der örtlichen Behörden, hält sich der mutmaßliche Hygieneterrorist…

Ein Dialog vielleicht folgendermaßen:

Sie:	Sieh mal!
Er:	Was denn?
Sie:	Pfui, der Struwwelpeter!
Er:	Er lies sich ein Jahr die Nägel nicht schneiden.
Sie:	Und kämmen auch nicht, habe ich gehört.

Oder ein Monolog so:

> Er: Ich Unglücklicher! Werde ich wohl je wieder sehen können, nachdem mein Auge dies erblickt? Ein so dämonisches Geschöpf mit langen Fingernägeln und ungekämmten Haaren inmitten all der irdischen Schönheit.

Weitere Textformen, die sich aufgrund ihrer Kürze anbieten sind:

- Lexikonartikel
- Exposé
- Manifest
- Streitgespräch
- Klappentext
- Interview

Genrewechsel

Der Gattungsübersetzung verwandt, aber deutlich arbeitsaufwendiger ist eine Variation des Genres. Die geläufigsten Arten der Kinder- und Jugendliteratur wurden bereits im ersten Teil erwähnt. Die Übung besteht nun darin, den Inhalt den Strukturen und Merkmalen des entsprechenden Genres anzupassen. So könnte der Struwwelpeter als Märchen so beginnen:

> In den alten Zeiten, wo das Wünschen noch geholfen hat, lebte ein König, der viele Söhne hatte, unter denen ihm der Jüngste der liebste war. Nun trug es

sich einmal mitten im Winter zu, dass der jüngste Sohn an einem Fenster saß und sich die Nägel schnitt. Und wie er so schnitt und nach dem Schnee aufblickte, stach er sich mit der Schere in den Finger, und es fielen drei rote Tropfen Blut in den Schnee. Und weil ihn das Blut so erschreckte, dachte er sich: „Ich will mir nie wieder die Fingernägel schneiden." Und so geschah es, dass...

Für verschiedene Lesealter schreiben

In Kinderbüchern müssen die Texte dem Verständnis der Leser angepasst sein. Die folgende Übung fördert das Gespür dafür, welche Möglichkeiten in den jeweiligen Lesealtern günstig sind. Die Geschichte wird einmal für Kinder im Alter zwischen fünf und sieben Jahren, einmal für Leser zwischen acht und zehn und schließlich für Kinder ab elf Jahren bis zur Pubertät erzählt. Das Struwwelpeterbeispiel ist für Kinder zwischen fünf und sieben Jahren perfekt. Wie könnte es für ältere Leser aussehen, zum Beispiel für Kinder zwischen acht und zehn Jahren:

> „Peter, aufstehen!" Nicht schon wieder. Warum können die Ferien nicht früher anfangen. Seit er in der neuen Klasse ist, würde Peter am liebsten immer zu Hause bleiben. Wer will sich schon jeden Tag dieselben Hänseleien anhören: „Pfui, der Struwwelpeter!" – wie originell! Dabei sehen die selber nicht besser aus, vor allem Lisa mit ihren knallroten Haaren. Wie Pumuckl.

> Ich gehe heute nicht in die Schule, denkt er sich, schließlich muss ich unbedingt zu Lucy Fair und den Pakt besiegeln. Eigentlich gar nicht so schlecht, ein Leben ohne Nägelschneiden und Kämmen und dafür jede Menge Geld…

Einfacher wird diese Übung, wenn ein Sachthema als Vorlage gewählt und jeweils für das entsprechende Alter ein Kinderlexikonartikel geschrieben wird.

Fortsetzungen schreiben

Was geschieht eigentlich mit den Figuren, wenn die letzte Seite gelesen ist? Eine fantastische Übung, um den Schreibstil anderer Autoren kennenzulernen und für sich selbst nutzbar zu machen, ist, das Ende weiterzuschreiben. Es empfiehlt sich, Kinderbuchautoren oder Kinderbücher auszusuchen, die besonders gerne gelesen werden. Zum einen, weil sich dadurch die Motivation erhöht, zum anderen, um besser verstehen zu können, warum ein Buch oder einen Autor erfolgreich ist. Im Folgenden illustriert eine Fortsetzungsstrophe des Struwwelpeters die Theorie.

Sieh einmal, hier steht er,
pfui, der Struwwelpeter!
Seit nun zwanzig Jahren
Schockt mit seinen Haaren
Alle Frauen ringsumher
Struwwelpeters wahres Er
Pfui, ruft da ein jeder:
Garstger Struwwelpeter!

Haiku und Elfchen

Sowohl Haiku als auch Elfchen sind literarische Formen, die sich durch ihre Kürze und den konkreten Inhalt besonders als Schreibübung eignen.

Das Haiku ist eine strenge Form der japanischen Lyrik, das durch seine Klarheit fasziniert. An dieser Stelle geht es nicht darum, ein künstlerisch perfektes Haiku zu verfassen, denn dazu gehört sehr viel Übung und Zeit. Vielmehr lernt man durch die Form, das Wesentliche eines Textes in lediglich siebzehn Silben wiederzugeben.

Ein Haiku besitzt folgenden Aufbau: Die erste Zeile hat fünf Silben, die zweite sieben und die letzte wieder fünf.

Ein Struwwelpeter-Haiku könnte demzufolge so aussehen:

Der Struwwelpeter
Haare und Nägel so wild
Fürchtet sich jeder

Ein Elfchen ist ein kurzes Gedicht, das aus elf Wörtern gebildet wird, die in einer festgelegten Reihenfolge auf fünf Verse verteilt werden. Die erste Zeile besteht aus einem Wort, die zweite aus zwei, die dritte aus drei, die vierte aus vier Worten und die fünfte Zeile wie der Anfang aus einem Wort. Im Gegensatz zum Haiku sind bei einem Elfchen die Länge der Wörter und die Silbenanzahl egal.

Jedem Vers wird eine thematische Besonderheit zugeordnet, die nach Bedarf variiert werden kann. Ein allgemeines Formschema sieht so aus:

1. Zeile – ein Wort:	Thema / Problem
2. Zeile – zwei Worte:	Charakter / Besonderheit
3. Zeile – drei Worte:	Aktion / These
4. Zeile – vier Worte:	Reaktion / Antithese
5. Zeile – ein Wort:	Fazit / Synthese

Ein Elfchen nach Hoffmanns Text kann zum Beispiel so lauten:

Struwwelpeter
Krallen Pferdemähne
Ungeschnitten und ungekämmt
Ein Jeder ruft pfui
Garstig

Bei der Textverfremdung geht es nicht wie bei den vorherigen Übungen um eine Änderung des Stils oder der Perspektive, sondern um eine inhaltliche Umgestaltung.

Ein Text besteht aus Variablen, die sich austauschen lassen. Man kann die Zeit der Geschichte zurück- oder vorverlegen, die Orte ändern oder andere Figuren handeln lassen. Für diese Übung wird eine dieser Variablen ausgesucht und verändert. Eine andere Variante besteht darin, die Chronologie des Textes zu ändern und die Geschichte rückwärts – das heißt vom Ende her – zu erzählen.

Die Schwierigkeit dieser Übung besteht aufgrund der inhaltlichen Veränderung darin, die logische Struktur des Textes aufrechtzuerhalten. Daneben gilt es, die wesentliche Textaussage nicht zu verfälschen und stilistisch nah am Originaltext zu bleiben.

Ein letztes Mal soll der Struwwelpeter als Beispiel dienen. Da hier weder Ort- noch Zeitangaben gemacht werden und es keine eigentliche Handlung gibt, bleibt nur, die Figur zu verändern. Der Struwwelpeter wird die Pechmarie aus dem Märchen „Frau Holle“:

Sieh einmal, hier steht sie,
die faule Pechmarie!
ließ die Äpfel hängen
und das Brot verbrennen
Betten wurden nicht gemacht;
Schwarz ist sie nun wie die Nacht.
Pfui, ruft jede Hautpartie:
Teer verklebt die Pechmarie!

Teil III – Die Veröffentlichung

Die Geschichte ist erzählt. Nun beginnen die Suche nach einem passenden Verlag, das Verschicken der Manuskripte und das Hoffen auf eine positive Antwort.

Um die Aussichten, dass ein Lektor das Manuskript liest, zu erhöhen, gibt es einige Standards, die zu befolgen sind. Sicher sagt die Art, wie ein Text formatiert ist, nichts über seine literarische Qualität aus. Doch in Verlagen ist oft der erste Blick entscheidend, und ein unprofessionell wirkendes Manuskriptangebot hat einfach schlechtere Chancen gelesen zu werden.

Das anschließende Kapitel zeigt, wie ein Manuskriptangebot aussehen kann, das nicht nach dem ersten Blick auf dem Ablehnungsstapel landet.

1. *Die Suche nach dem richtigen Verlag*

Spätestens nach Fertigstellung des Manuskriptes sollte mit der Verlagssuche begonnen werden. Es wäre naiv zu glauben, einer der drei größten Kinderbuchverlage werde das Buch drucken. Viele Verlagshäuser bieten sehr spezielle Programme an, die auf bestimmte Altersgruppen oder Themen ausgerichtet sind. Einen Überblick über die unterschiedlichen Verlagsprofile bieten:

- Buchhandlungen
- Verlagsprogramme, Internetseiten der Verlage
- Literaturzeitschriften (siehe Anhang)
- Buchmessen
- die Broschüre „Kinder- und Jugendbuchverlage" der Arbeitsgemeinschaft von Jugendbuchverlagen e.V. (www-avj-online.de)

Nach einer Vorauswahl wird der zuständige Ansprechpartner im jeweiligen Haus recherchiert. Diese kleine Mühe lohnt sich aus zwei Gründen: Zum einen landet das Manuskript auf dem richtigen Schreibtisch – und zum anderen kaschiert dieses Vorgehen den Umstand, dass der Text unaufgefordert eingesandt worden ist. Eine Alternative ist, vorher telefonisch oder per E-Mail anzufragen, ob ein Manuskript eingereicht werden kann. Die Gefahr besteht allerdings, dass das Angebot gleich von vornherein abgelehnt wird. Auf der anderen Seite lassen sich auf diese Weise persönliche Kontakte knüpfen, eventuell besteht tatsächlich Interesse am Manuskript, oder man erfährt, wonach der Verlag gerade auf der Suche ist.

Das Anschreiben

Zu jedem Manuskriptangebot gehört ein Anschreiben, in dem sich der Autor kurz vorstellt und sein Anliegen formuliert. Der Begleitbrief sollte nicht mehr als eine Seite beanspruchen und im Wesentlichen vier Punkte enthalten:

- Arbeitstitel
- Genre
- Zielgruppe
- Anlagen

Möglich ist die Erwähnung:

- formaler oder inhaltlicher Besonderheiten
- Veröffentlichungsgründe
- Schreiberfahrungen

Vermieden werden:

- detaillierte Beschreibungen
- umfangreiche biografische Ausführungen
- Eigenwerbung

Das Anschreiben wird auf einem eigenen Blatt dem Manuskript separat beigelegt. Bereits hier sollte bereits erkennbar sein, dass der Verfasser grammatikalisch, orthografisch und stilistisch sicher ist.

Hans Christian Andersen
Schneeköniginallee 3
1234 Kopenhagen
Telefon: 0045-1234-5678
Fax: 0045-1234-5678
E-mail: Hans-Christian@Andersen.dk

Kleiner Seejungfrauen-Verlag
Herrn Ole Luköie
Zinnsoldatenweg 1
1234 Kopenhagen

Kopenhagen, 17. Dezember 1848

Sehr geehrter Herr Luköie,

wie gestern telefonisch besprochen, möchte ich Ihnen mein derzeitiges Projekt mit dem Arbeitstitel:

„Däumelinchen"

vorstellen und um Ihre Beurteilung bitten.

Es handelt sich um ein Märchen, in dem durch die außergewöhnliche Erzählperspektive die Natur selbst zum Wunder wird und das auch für ältere Kinder geeignet ist.

Anbei finden Sie ein Exposé, eine Kapitelübersicht sowie eine Textprobe. Zu Ihrer Information lege ich außerdem meinen Lebenslauf bei.

Über Ihr Interesse würde ich mich freuen.

Mit freundlichen Grüßen

Hans Christian Andersen

Das Exposé

Im Gegensatz zur landläufigen Auffassung ist ein Exposé keine Nacherzählung des Originalmanuskripts und auch kein Klappentext. Vielmehr umfasst es neben den inhaltlichen Schwerpunkten eine kurze Analyse des Textes. Zu einem Exposé gehören:

- Gattungszuordnung
- Angabe von Zeit und Ort des Geschehens
- die wichtigsten Charaktere
- Skizzierung des Handlungsaufbaus inklusive eventueller Verknüpfungen mit anderen Erzählebenen
- Erwähnung sprachlicher oder stilistischer Besonderheiten
- Angabe des Gesamtumfangs, also der Zeichenanzahl (bei Microsoft Word unter „Extra“ und „Wörter zählen“ zu finden)

Das Exposé dient dazu, dem Lektor das angebotene Manuskript schmackhaft zu machen und ihn davon zu überzeugen, dass es für den Verlag ein Vorteil ist, genau diesen Text zu veröffentlichen. Dabei hilft es, folgende Fragen zu beantworten:

- Wer würde das Buch lesen und warum?
- Was ist an dem Buch neu?
- Was hebt das Buch von anderen Büchern ab? Oder gibt es zurzeit ähnliche Bücher?
- Warum passt es genau zu diesem Verlag?

Ein gelungenes Exposé zeichnet sich aus durch:

- Kürze (maximal drei Seiten Umfang)
- Klarheit
- Übersichtlichkeit
- Vermittlung der wesentlichen Texteigenschaften
- Darstellung des Schreibstils

Das anschließende Beispiel zeigt, wie ein Exposé für Wilhelm Hauffs erste Erzählsammlung „Die Karawane" ausgesehen haben könnte. Es ist deshalb interessant, weil der „Märchenalmanach für Söhne und Töchter gebildeter Stände" einen verhältnismäßig komplexen Aufbau besitzt. Alle Zitate entstammen: Wilhelm Hauff, „Sämtliche Märchen", Stuttgart 2002.

Die Karawane – Märchenalmanach für Söhne und Töchter gebildeter Stände

Wilhelm Hauff
Zwerg-Nase-Weg 12
70297 Stuttgart

Der *Karawane* vorangestellt, ist die einleitende Erzählung: *Das Märchen als Almanach.* Das Märchen ist bekümmert, es wird nicht mehr wie seine Brüder, die leichtfüßigen Träume, in die Stadt gelassen. Traurig sucht es bei seiner Mutter, der Fantasie, Trost. Die böse Tante Mode habe wohl die Menschen von der Unzeitmäßigkeit des Märchens überzeugt, und so ersinnt die Fantasie eine List. Sie verkleidet das Märchen als Almanach, damit es unerkannt zu den Kindern gelangt, um über „Karawanen mit schönen Rossen, geschmückte Reiter, viele Zelte im Sand der Wüste; Vögel und Schiffe auf stürmischen Meeren, stille Wälder und volkreiche Plätze und Straßen; Schlachten und friedliche Nomaden" zu berichten.

Bei der *Karawane* selbst handelt es sich um eine Rahmenerzählung. Zu den wüstendurchquerenden Kaufleuten stößt ein geheimnisvoller Fremder. Nachdem ihn die Gemeinschaft begrüßt hat, einigt man sich darauf, die heiße Zeit der Mittagspausen mit dem Erzählen von Geschichten zu überbrücken. Erzählt werden sechs teils märchenhafte, teils abenteuerliche Binnenerzählungen:

Die Geschichte vom Kalif Storch
Die Geschichte von dem Gespensterschiff
Die Geschichte von der abgehauenen Hand
Die Errettung Fatmes
Die Geschichte von dem kleinen Muck
Das Märchen vom falschen Prinzen

Nach dem letzten Märchen gibt sich der Fremde zu erkennen und offenbart damit gleichsam seine wesentliche Rolle in der *Geschichte von der abgehauenen Hand* und eine neue Perspektive auf diese Geschichte.

1

Die Karawane – Märchenalmanach für Söhne und Töchter gebildeter Stände

Wilhelm Hauff
Zwerg-Nase- Weg 12
70297 Stuttgart

Die einzelnen Erzählungen spielen fast alle im Orient. Es gibt eine Vielzahl exotischer Schauplätze und fremdländische Personen. Damit man einen Eindruck von den Geschichten erhält, soll an dieser Stelle *Die Geschichte von dem kleinen Muck* kurz vorgestellt werden.

Der kleine Muck, wegen seines zwergenhaften Wuchses so genannt, wird nach dem Tod seines Vaters aus seiner Heimat vertrieben. In einer fremden Stadt findet er im Haus der sonderbaren Frau Ahavzi eine Anstellung. Als die Katzen und Hunde, die er versorgen soll, es gar zu wild mit ihm treiben, flieht er aus der Stadt, nimmt sich allerdings aus einer Kammer der ein Paar Pantoffeln und einen Spazierstock.
Es stellt sich heraus, dass die gestohlenen Gegenstände magische Kräfte besitzen – die Pantoffeln lassen den kleinen Muck schnell rennen und der Spazierstock verrät, wo vergrabene Schätze ruhen.
Dank der schnellen Schuhe wird er der Leibläufers des Königs, was ihm freilich den Neid der anderen Bediensteten einbringt. In der Hoffnung Freunde, zu gewinnen, beginnt der kleine Muck mit Hilfe seines Spazierstocks, die im Garten vergrabenen Schätze zu bergen und das Gold an den Hofstaat zu verteilen.
Sein Reichtum bringt ihm jedoch noch mehr Neider. Des Diebstahls bezichtigt, wird er ins Gefängnis geworfen und kann seine Freiheit nur wiedererlangen, indem er das Geheimnis der Zaubergegenstände preisgibt.
Ohne Pantoffeln und Spazierstock und erneut aus der Stadt verstoßen, entdeckt der kleine Muck bald darauf zwei Feigenbäume, deren Früchte eine seltsame Wirkung haben. Freudig erkennt er, dass ein gütiges Geschick ihm noch einmal Mittel in die Hand gibt, glücklich zu sein, und so pflückte er von den Früchten und kehrt in die Stadt des Königs zurück...

2

Die Karawane – Märchenalmanach für Söhne und Töchter gebildeter Stände

Wilhelm Hauff
Kleine Muck Straße 12
70297 Stuttgart

Die geistige Vorlage sind die Märchen aus *Tausendundeiner Nacht*; auch sie spielen im Orient und sind durch die Figur der Scheherazade miteinander verknüpft. Diese Märchen haben teilweise sehr komplexe Strukturen oder sind inhaltlich nicht für Kinder geeignet. *Die Karawane* lehnt sich bei der Ausgestaltung der magischen Orte und exotischen Figuren an Scheherazades Beschreibungen an, bleibt jedoch stilistisch und auf der Handlungsebene stets kindgerecht.

Die Texte sind vor allem für Söhne und Töchter gebildeter Stände gedacht. Sie sollen die Kinder unterhalten und zerstreuen, vermitteln jedoch zugleich durch die Erlebnisse der Figuren moderne ethische Werte.

3

Der Anfang des Exposés geht auf die einleitende Erzählung „Das Märchen als Almanach“ ein. Man erfährt, dass der Autor seine Texte gesammelt in einem Almanach, einem Jahrbuch, anbietet, weil das Märchen aus der Mode gekommen sei. Gleichzeitig vermittelt der erste Abschnitt ein Gefühl für den Inhalt (Karawanen mit schönen Rossen, geschmückte Reiter und dergleichen geht) als auch – durch das eingefügte Zitat – für den Stil des Autors.

Danach geht das Exposé zur Beschreibung des eigentlichen Textes über, indem die Rahmenhandlung skizziert wird. Es werden der ungefähre Umfang (sechs Erzählungen) und die Gattungen (Märchen und Abenteuererzählung) erwähnt, und durch Namen und Begriffe ein Eindruck von den orientalischen Motiven (Karawane, Wüste, Kalif) vermittelt.

Der nächste Absatz verweist zugleich auf die überraschende Wendung der Erzählung am Ende und auf die Verknüpfung von Rahmen- und Binnenhandlung. Es wird ersichtlich, dass der Autor die Struktur seines Textes kennt und beherrscht.

Der Übergang zur Inhaltsangabe nennt noch einmal den allgemeinen Ort der Handlung. Die Kurzbeschreibung selbst stellt exemplarisch eine Hauptperson (den kleinen Muck), einige Nebenpersonen (Frau Ahavzi, König, Dienstpersonal), konkrete Handlungsorte (Stadt, Schloss) und wesentliche Handlungsgegenstände (Pantoffeln, Stock, Feigen) vor.

Der vorletzte Absatz verweist auf das literarische Vorbild und macht deutlich, wodurch sich die Geschichten von diesem abheben. Zudem werden die Exotik der Schauplätze und die kindgerecht ausgestaltete Handlung und Stilistik des Textes betont.

Das Exposé schließt mit der originalen Widmung Hauffs, dass dieser Almanach für „Söhne und Töchter gebildeter Stände“ und zu deren Unterhaltung und moralischer Erziehung gedacht sei.

Eine solche Widmung wäre heute freilich nicht mehr zeitgemäß, aber sie zeigt, dass sich bereits im Jahre 1826 die Autoren darüber Gedanken machten, wer ihre Bücher kaufen würde. Eine Zielgruppenorientierung ist demnach keine neue Erfindung, aber für eine erfolgreiche Buchveröffentlichung durchaus sinnvoll.

Die Textprobe

Bei einem längeren Text ist es ratsam, statt des gesamten Manuskripts lediglich eine Textprobe beizulegen. Es gibt zwei gängige Möglichkeiten: Entweder die Auswahl eines prägnanten Textabschnittes oder die Verbindung mehrerer kurzer Passagen durch Erläuterungen.

Für die erste Variante, sind bei der Auswahl folgende Kriterien zu beachten:

- charakteristische Zeichnung der Figuren
- Motivation der Figuren
- Erwähnung oder Darstellung des zentralen Konfliktes
- stilistisch gelungene Passagen

Die Alternative ist etwas mühseliger, zeigt dem Adressaten aber auch, dass der Autor den Überblick über seinen Text nicht verloren hat, dass er einen Handlungsbogen aufbauen und logisch durchhalten kann. Besonders bei größeren Handlungszusammenhängen und komplizierteren Entwicklungen ist diese Form zu bevorzugen. Zu beachten sind dabei die:

- optische Unterscheidung von Originaltext und erklärenden Passagen
- logische Wiedergabe des Handlungsbogens
- Konzentration auf den wichtigsten Erzählstrang

Zu vermeiden sind:

- Schachtelsätze
- überflüssige Informationen
- unverständliche Zusammenhänge
- erklärungsbedürftige Begriffe
- fehlende Absätze

Das folgende Beispiel stellt – stark verkürzt – eine mögliche Textprobe nach Vorbild der zweiten Variante dar.

Die Originalzitate entstammen der Märchensammlung von Oscar Wilde: „Das Gespenst von Canterville", erschienen im Karl Müller Verlag Erlangen, ohne Angabe des Erscheinungsjahres, Seiten 173 - 177.

Oscar Wilde
Allee des glücklichen Prinzen 12
12345 Canterville
Telefon: 1111-22222
Fax: 1111-22223
E-mail: Oscar_Wilde@Granatapfelhaus.com

Textprobe: Der selbstsüchtige Riese

Es gab einen wunderschönen Garten, in den die Kinder nach der Schule spielen gingen. Er gehörte einem Riesen, der aber gerade verreist war.

Eines Tages kam der Riese zurück. Er hatte seinen Freund, den Menschenfresser, in Cornwall besucht und war bei ihm sieben Jahre geblieben. Als die sieben Jahre um waren, hatte er ihm alles gesagt, was er ihm zu sagen hatte, den sein Konversationstalent war beschränkt, und so beschloss er denn, auf sein Schloss zurückzukehren. Als er ankam, sah er die Kinder im Garten spielen.

Dem Riesen gefiel das gar nicht. Er baute eine hohe Mauer um seinen Garten und stellte ein Verbotsschild auf, das die Kinder am Betreten seines Gartens hindern sollte.

So ging die Zeit ins Land, und der Frühling brachte Blüten und Vögel zurück. Nur im Garten des Riesen blieb es Winter.

Einmal steckte allerdings eine schöne Blume ihr Köpfchen aus dem Gras. Als sie die Warntafel sah, taten ihr die Kinder so leid, dass sie in die Erde zurückschlüpfte und schlafen ging. Die einzigen Leute die zufrieden waren, waren der Schnee und der Frost.

1

Oscar Wilde
Allee des glücklichen Prinzen 12
12345 Canterville
Telefon: 1111-22222
Fax: 1111-22223
E-mail: Oscar_Wilde@Granatapfelhaus.com

Es blieb kalt im Garten des Riesen. Weder Frühling noch Sommer noch Herbst wollten Einzug halten. Doch dann begann der Schnee zu tauen.

Durch ein kleines Loch in der Mauer waren die Kinder in den Garten geschlüpft, und nun saßen sie in den Zweigen der Bäume. In jedem Baum, den er sehen konnte saß, ein kleines Kind. Und die Bäume waren so glücklich, die Kinder wiederzuhaben, dass sie sich mit Blüten bedeckt hatten und ihre Arme über den Köpfen der Kinder sanft hin und her bewegten.

Der Riese schenkte den Kindern den Garten, und von nun an kamen sie wieder jeden Tag, um darin zu spielen. Nur der kleinste von ihnen, dem der Riese an jenem besagten Tag auf den Baum geholfen hatte, blieb für immer verschwunden.

Die Jahre zogen vorüber, und der Riese war schon sehr alt, als er eines Wintermorgens den kleinen Jungen unter einem Baum mit goldenen Ästen und weißen Blüten stehen sah. Er eilte auf das Kind zu.

Und das Kind lächelte und sagte: „Du hast mich einmal in deinem Garten spielen lassen, heute sollst du zu mir kommen in meinen Garten, und das ist das Paradies."

Und als die Kinder nachmittags in den Garten liefen, fanden sie den Riesen tot unter dem Baume, ganz bedeckt mit weißen Blüten.

2

Die Kapitelübersicht

Bei einem umfassenden Werk empfiehlt es sich, der Textprobe eine Kapitelübersicht beizulegen. Damit kann sich der Verlagsmitarbeiter nicht nur schnell einen Überblick über den Inhalt und den Umfang des angebotenen Textes verschaffen, sondern er bekommt einen Eindruck davon, wie das Manuskript aufgebaut ist. Eine gute Kapitelübersicht zeigt, dass sich der Autor der Struktur seines Textes bewusst ist und dass es im Manuskript nicht bunt durcheinander geht. Sie zeichnet sich aus durch:

- treffende Kapitelüberschriften
- Widerspiegelung des Inhalts
- verständliche und folgerichtige Anordnung

Es gibt verschiedene Möglichkeiten, einen Text zu strukturieren. Er kann in Teile gegliedert werden, die wiederum mehrere Kapitel umfassen, und auch diese können noch in Unterkapitel aufgeteilt werden. Das folgende Beispiel ist bewusst überzeichnet, um das Wesentliche zu verdeutlichen.

Jakob Grimm, Hänselstraße 7, 33333 Gretelstadt
Telefon: 1234 / 56780
Fax: 1234 / 56789
E-Mail: Gebrüder@Grimm.com

Kapitelübersicht für das Märchen „Schneewittchen“

Teil 1 – Im Schloss
1. Drei Tropfen Blut im Schnee
   a) Die Farbe des Schnees
   b) Die Farbe des Blutes
   c) Die Farbe von Ebenholz
2. Eine Prinzessin wird geboren
   a) Der Tod der Königin
   b) Eine neue Königin und ihr geheimnisvoller Spiegel
   c) Der gute Jäger

Teil 2 – Im Wald
1. Das kleine Haus
   a) Die sieben Zwerge
   b) Stühlchen, Tellerchen und Becherchen
   c) Der Morgen danach
2. Die Dinge des Todes
   a) Die Schnüre der Krämerin
   b) Der Kamm des alten Weibes
   c) Der Apfel der Bäuerin

Teil 3 – Die Rückkehr
1. Die Rettung
   a) Ein verschenktet Sarg
   b) Ein ausgespuckter Apfelgrütz
   c) Zwei Liebende
2. Die Hochzeit
   a) Das Fest
   b) Die Erkenntnis
   c) Der Todestanz

Die Vita

In ein vollständiges Manuskriptangebot gehört ein Lebenslauf. Schließlich will der Verlagsmitarbeiter, der Anschreiben, Exposé und Textprobe gelesen hat, wissen, wer alles verfasst hat. Neben den obligatorischen Angaben wie Name, Adresse, Geburtsdatum, Familienstand und beruflicher Wertegang gehören – soweit vorhanden – in eine Vita:

- Fortbildungen
- Mitgliedschaften in literarischen Vereinigungen
- Adresse der Homepage
- Lesungen
- Publikationen
- Literaturpreise
- Erwähnungen in Nachschlagewerken

Wenn man noch keine oder nur wenig literarischen Erfahrungen hat, sollte man auf einen vollständigen Lebenslauf verzichten und sich stattdessen im Anschreiben kurz vorstellen.

Wilhelm Grimm
Auf dem Grabhügel 7
33333 Drosselbarthausen
Telefon: 1234 / 56780
Fax: 1234 / 56789
E-Mail: Gebrüder@Grimm.com

Vita

Persönliches

Geboren am 24. 02. 1786 in Hanau, verheiratet, mehrere Kinder, gestorben am 16. 12. 1858 in Berlin

Tätigkeiten

1803 – 1806	Studium der Rechte an der Universität Marburg
1806	Juristischer Abschluss an der Universität Marburg
1806 – 1814	Privatgelehrter in Marburg
1814 – 1829	Bibliothekar in Kassel
1819	Ehrendoktorwürde der Universität Marburg
1829 – 1831	Bibliothekar in Göttingen
1831 – 1834	Außerordentliche Professur an der Universität Göttingen
1835 – 1841	Ordentliche Professur an der Universität Göttingen
1841 – 1852	Professur an der Preußischen Akademie der Wissenschaften zu Berlin
ab 1852	Arbeit am Deutschen Wörterbuch

1

Wilhelm Grimm
Auf dem Grabhügel 7
33333 Drosselbarthausen
Telefon: 1234 / 56780
Fax: 1234 / 56789
E-Mail: Gebrüder@Grimm.com

Veröffentlichungen

1811	Altdänische Heldenlieder, Balladen und Märchen
1812 – 15	Kinder und Hausmärchen
1815	Lieder der alten Edda
1816 – 18	585 Stücke Sagen
1813 – 16	Mitherausgeber der Zeitschrift: Altdeutsche Wälder
1821	Über deutsche Runen
1826	Irische Elfenmärchen
1829	Die deutsche Heldensage
ab 1938	Herausgabe des Deutschen Wörterbuchs

Erwähnungen

In allen gängigen Lexika und Nachschlagewerken

Homepage

www.diesehomepagegibtesnicht.xz

2

Formale Richtlinien

Um den Lektor, der das eingeschickte Manuskript lesen soll, wohlgesinnt zu stimmen, gilt es, sich an einige formale Regeln zu halten. Dazu gehört, dass der Text in Normseiten eingesendet wird. Das macht einen professionellen Eindruck und der Lektor kann erkennen, wie viele Druckseiten das Manuskript ergeben würde und wie hoch die Kosten für das Lektorat, eine Übersetzung oder eine Veröffentlichung wären. Die formalen Richtlinien einer Normseite sind:

- 30 Zeilen (inklusive Leerzeilen)
- Zeilen zu je 60 Zeichen (inklusive Leerzeichen)
- Abstand von 1,5 Zeilen
- mittelgroße Schrift (11 – 14 Pt)
- keine proportionale Schrift, das heißt Schreibmaschinenschrift (beispielsweise Courier)
- paginierte Seiten

Bei Gedichten gilt:

- jedes Gedicht auf einem einzelnen Blatt
- paginierte Seiten bei Gedichten, die mehr als eine Seite umfassen

Das Manuskript sollte geheftet oder bei umfangreicheren Texten in eine Mappe gelegt werden.

Diese Angaben gelten lediglich für das Manuskript, nicht für Anschreiben, Exposé oder Textprobe.

Formale Experimente sind zu vermeiden, denn weniger ist oft mehr. Deshalb sind folgende Optionen nur in Ausnahmenfällen oder besser gar nicht zu verwenden:

- fette Schrift
- gesperrte Schrift
- Unterstreichungen
- durchgehende Großbuchstaben (wenn doch, dann nur mittels der Funktion „Großbuchstaben“, bei Microsoft Word unter dem Menüpunkt „Format“ und „Zeichen“, denn so kann der Text problemlos umformatiert werden)

Alle Unterlagen des Manuskriptangebots sollten folgende Kriterien erfüllen:

- weißes DIN-A4-Papier
- einseitige Beschriftung
- gute Druck- oder Kopierqualität
- keine handschriftlichen Anmerkungen
- nicht geknickt oder gefaltet
- Nennung des Namens, der Anschrift und des Arbeitstitels

Abschließend wird jede Seite geprüft auf:

- Rechtschreibfehler
- Fehler in Grammatik und Zeichensetzung
- doppelte Leerzeichen (in Microsoft Word unter Bearbeiten die Funktion Suchen öffnen und in das Fenster zwei Leerzeichen eingeben)
- durchgängige Paginierung

Viele Verlage verlangen zusätzlich zum Ausdruck den Text in digitaler Form, also auf einer CD oder als Anhang einer E-Mail. Da nicht alle Unternehmen mit demselben Programm oder der gleichen Version arbeiten, empfiehlt es sich vorab nach dem erwünschten Dateiformat erkundigen. Üblich ist es, den Text im PDF-Format einzureichen. Die Dateien sollten eindeutig bezeichnet werden, zum Beispiel:

- anschreiben-derkleineprinz.pdf
- exposé-derkleineprinz.pdf
- manuskript-derkleineprinz.pdf
- textprobe-derkleineprinz.pdf
- kapitelübersicht-derkleineprinz.pdf
- vita-derkleineprinz.pdf

Wenn alle diese Richtlinien erfüllt sind, hat das Manuskript die besten Chancen, auch gelesen zu werden. Aber das kann dauern. In den Verlagen herrscht wahrlich kein Mangel an unaufgefordert eingesendeten Ideen. Zwei bis drei Monate, manchmal auch mehr, können verstreichen, bis ein Manuskript in die Hände eines Lektors gelangt.

2. Der Vertrag

Das Manuskript hat offene Türen eingerannt, der Lektor ist begeistert und der Verleger entzückt. Der Vertrag liegt auf dem Tisch, er muss nur noch unterzeichnet werden. Aber worauf ist zu achten? Welche Rechte hat ein Autor und welche der Verlag?

Das folgende Kapitel gibt einen Überblick über die wichtigsten Rahmenbedingungen und Möglichkeiten, die ein Autor hat.

Das Urheberrecht

Als Autor eines Buches gilt man als dessen Urheber und ist damit Inhaber des Urheberrechtes. Das Urheberrecht wurde eingeführt, um den Schöpfer eines Werkes zu schützen und ihm die Entscheidung über dessen Verwendung oder Verwertung zuzusichern. Das Urheberrecht in Deutschland:

- muss nicht angemeldet werden, es entsteht im Moment der Schaffung eines Werkes
- ist, außer im Erbfall, nicht auf andere übertragbar; dem widersprechende Vertragsklauseln sind ungültig

Der Urheber hat das Recht an der Verwertung seines Werkes, das bedeutet an dessen:

- Vervielfältigung
- Verbreitung
- Ausstellung
- öffentlichen Wiedergabe

Der Urheber hat außerdem das Recht, die Verwertungsmöglichkeiten an andere, zum Beispiel einen Verlag, zu übertragen. Näheres dazu findet sich im nächsten Kapitel.

Da das Urheberrecht eine persönlich geistige Schöpfung schützt, muss sich das Werk durch eine gewisse Schöpfungshöhe auszeichnen. Unausgearbeitete Ideen sind demnach nicht geschützt, da reine Ideen nicht an einen kreativen Prozess gebunden sind – so zumindest die Meinung der Juristen.

Für Autoren kann diese Bestimmung von Nachteil sein. Wenn man beispielsweise einem Verlag eine unkonventionelle Idee zu einem Kinderbuch anbietet, hat der Verlag das Recht, die Idee an einen anderen Autor weiterzureichen. Auch wenn man ein komplettes Manuskript einsendet, kann die dahinter stehende Idee völlig legal weiterverwendet werden, sofern der Text nicht wortwörtlich übernommen wird. Aber selbst – ausgehend vom schlimmsten aller Fälle – wenn der Text eines anderen Autoren eins zu eins mit dem eigenhändig eingereichten Manuskript übereinstimmt, wird der Beweis, dass hier eine Urheberrechtsverletzung vorliegt, kaum zu erbringen sein.

Bei außergewöhnlichen Ideen oder zweifelhaften Verlagen, ist zu überlegen, ob nur ein Teil des Manuskriptes eingereicht wird. Eventuell empfiehlt es sich, einen versiegelten Umschlag bei einem Notar zu hinterlegen.

Auf der anderen Seite ist es legal, sich als Autor an fremden Ideen zu orientieren. Ob das den eigenen künstlerischen Ansprüchen genügt, muss letztendlich jeder für sich entscheiden. Vorsicht jedoch bei Plagiaten, beispielsweise durch wortwörtliches Abschreiben bereits erschienener Texte, denn das kann rechtliche Konsequenzen zur Folge haben.

Der Vertrag

Wenn das Manuskript von einem Verlag angenommen worden ist, muss sich der glückliche Autor mit dem unglücklichen Juristendeutsch des Vertrags auseinandersetzen. Denn darin sind neben der Höhe des Autorenhonorars auch folgende Punkte geregelt:

Vertragsgegenstand

- gegebenenfalls Umfang und Thema
- Titelbestimmung

Rechtseinräumungen

- Nebenrechte (Vorabdruck, Nachdruck, Übersetzung, Lizenzvergabe, Hörbuch, Aufführung, Verfilmung, Vertonung)

Verlagspflicht

- Format der Veröffentlichung (Hardcover, Paperback, Taschenbuch)
- Ladenpreis
- voraussichtlicher Erscheinungstermin

Absatzhonorar für Verlagsausgaben

- Honorar
- Vorschuss
- Datum der Honorarabrechnung

Termin der Manuskriptablieferung

Dies ist nur eine Auswahl der wichtigsten Punkte. Der Normvertrag für Autoren, den die Industriegewerkschaft Medien und der Börsenverein des Deutschen Buchhandels e.V. vereinbart haben, umfasst knapp zehn Seiten. Es lohnt sich auf jeden Fall, einen Blick darauf zu werfen; er ist unter www.verdi.de (seit dem Jahr 2001 gehört die IG Medien zur Vereinten Dienstleistungsgewerkschaft e.V.) nachzulesen.

Der Vertrag sollte auf jeden Fall mit dem Normvertrag verglichen und bei erheblichen Abweichungen neu ausgehandelt werden. Gegebenenfalls empfiehlt es sich, eine Rechtsberatung in Anspruch zu nehmen.

In manchen Verträgen finden sich zusätzlich noch Regelungen zu den Remissionsrückstellungen. Wenn sich Bücher schlecht verkaufen, haben die Buchhandlungen die Möglichkeit, sie an den Verlag zurückgeben. Um zu vermeiden, dass der Autor aufgrund der Remissionen einen Teil seines Honorars zurückzahlen muss, wird ein bestimmter Prozentsatz der Vergütung zurückbehalten. Dieser Betrag wird erst dann fällig, wenn die Schlussabrechnung für das Buch erstellt wird oder die Auflage vergriffen ist.

Das Honorar

Es ist schwer, konkrete Aussagen über die Vergütung von Autoren zu treffen. Das liegt zum einen daran, dass es im Moment keine bindende Grundlage gibt, die die Höhe der Honorare für alle Verlage einheitlich regelt. Zum anderen gelten bei Kinder- und Jugendbüchern andere Bemessungsgrundlagen als im belletristischen Bereich. So schließen die gemeinsamen Vergütungsregeln, die der Verband Deutscher Schriftsteller und eine Reihe repräsentativer Verlage vereinbart haben, explizit Kinder- und Jugendbücher aus, weil hier die Honorarhöhe von weiteren Faktoren abhängt. Ausschlaggebend ist unter anderem das Verhältnis zwischen Textanteil und der Anzahl der Illustrationen. Ein Autor, der in einem zwölfseitigen Bilderbuch pro Seite einen Satz verfasst, muss verständlicherweise mit einer geringeren Vergütung rechnen als der Verfasser eines fünfhundertseitigen Abenteuerromans, der überhaupt nicht illustriert ist.

Ausgehend von dem eben erwähnten fünfhundertseitigen Abenteuerroman, bieten die gemeinsamen Vergütungsregeln des Verbands Deutscher Schriftsteller zumindest eine Orientierungshilfe.

Danach erhält der Autor für jedes verkaufte Buch ausgehend vom Nettoladenverkaufspreis bei

Hardcoverausgaben:

- 10 Prozent

Taschenbuchausgaben:

- bis 20.000 Exemplare 5 Prozent
- ab 20.000 Exemplaren 6 Prozent
- ab 40.000 Exemplaren 7 Prozent
- ab 100.000 Exemplaren 8 Prozent

Sonderausgaben, deren Verkaufspreis mindestens ein Drittel unter dem Verkaufspreis der Normalausgabe liegt:

- bis 40.000 Exemplare 5 Prozent
- ab 40.000 Exemplaren 6 Prozent

Die Leistungsvergütung kann unter gewissen Umständen geringer ausfallen. Dies ist der Fall bei:

- Veröffentlichungen in kleineren und mittleren Verlagen
- mutmaßlich geringer Verkaufserwartung
- Vorliegen eines Erstlingswerkes
- beschränkter Möglichkeit der Rechteverwertung
- außergewöhnlichem Lektoratsaufwand
- der Notwendigkeit umfangreicher Lizenzeinholung
- einem niedrigen Endverkaufspreis
- genrespezifischen Marktbedingungen

Aus der Verwertung der Nebenrechte durch Dritte erhält der Autor für:

- buchferne Nebenrechte (Medien- und Bühnenrechte) einen Anteil von 60 Prozent des Erlöses
- buchnahe Nebenrechte (Übersetzungen, Hörbücher) einen Anteil von 50 Prozent des Erlöses

Daneben hat der Autor Anspruch auf einen den Honoraransprüchen angemessenen Vorschuss.

Genauere Informationen finden sich auch zu diesem Thema auf den Internetseiten des Deutschen Schriftstellerverbandes unter www.verdi.de.

Es soll noch einmal darauf hingewiesen werden, dass diese Angaben für Kinder- und Jugendbücher nicht verbindlich sind. Da es schwierig ist, überhaupt einen Vertrag zu bekommen, ist zu überlegen, ob diese Möglichkeit für ein oder zwei Prozente aufs Spiel gesetzt werden sollte.

Die VG WORT

Neben den Honoraren bietet die VG WORT eine weitere Möglichkeit, durch das eigene Buch Geld zu verdienen.

Verwertungsgesellschaften schalten sich immer dann ein, wenn geistiges Eigentum kopiert oder anderweitig genutzt wird, ohne dass der Eigentümer ausdrücklich seine Genehmigung erteilt hat. So werden in Bibliotheken, in Zeitungen, in Rundfunk- und Fernsehen oder im Internet tagtäglich geschützte Ideen verbreitet. Das Kopieren oder Aufzeichnen dieser Medien kann der Urheber nicht mehr im Einzelnen kontrollieren, und so übernehmen Verwertungsgesellschaften diese Aufgabe.

Sie erheben Gebühren, auf die Vermietung oder den Verleih von Medien, aber auch auf Vervielfältigungsgeräte wie Kopierer oder Recorder, die dann von den Herstellern oder Importeuren entrichtet werden müssen. Die eingenommenen Gelder werden dann in Form von Ausschüttungen nach bestimmten Verteilungsplänen an Autoren und Verlage ausgezahlt.

Überdies sind der VG WORT noch drei soziale Einrichtungen angegliedert: das Autorenversorgungswerk, der Sozialfonds und der Förderungs- und Beihilfefonds Wissenschaft.

Weitergehende Informationen dazu finden sich auf der Internetseite www.vgwort.de.

3. *Alternative Möglichkeiten*

Rund 5.000 neue Kinder- und Jugendbücher erscheinen jährlich in Deutschland. Etwa 50 Millionen werden pro Jahr gekauft und hoffentlich auch gelesen. Davon erscheint aber nur ein Teil in den bedeutenden Verlagshäusern, der andere wird in kleinen Verlagen oder im Selbstverlag herausgegeben.

Bei den großen Verlagen mit bekannten Autorennamen und beliebten Kinder- und Jugendbuchreihen ist es schwierig, als unentdeckter Autor ein Manuskript zu veröffentlichen. Hier wird eher Altbewährtes geschätzt und das finanzielle Risiko gescheut, das mit unkonventionellen Geschichten oder unbekannten Namen verbunden ist. Das ist auch nicht weiter verwunderlich, denn bei Kinderbüchern gibt es eine Reihe von Klassikern, die bereits Eltern und Großeltern gelesen haben und schon alleine deshalb gekauft werden. Im Klartext heißt das: Von etwa tausend Manuskripten, die unaufgefordert bei einem renommierten Verlag eingehen, erblickt höchstens eines das Licht der Bücherwelt.

Das bedeutet aber nicht, dass ein Manuskript bis zum Ende aller Zeiten in einer Schublade vergraben bleiben muss. Denn auch jenseits der großen Verlage gibt es zahlreiche Möglichkeiten, wie aus einem Text ein Buch werden kann.

Literaturagenturen

Die Aufgabe von Literaturagenturen ist die Vermittlung von Manuskripten an Verlage. Sie stehen aber auch im Kontakt mit anderen Medien wie Presse, Rundfunk, Fernsehen oder mit ausländischen Verlagen. Seriöse Agenten kennen sich auf dem aktuellen Buchmarkt aus, sie wissen, welcher Verlag welches Buch sucht und kennen oftmals Redakteure und Lektoren persönlich.

Neben der Vermittlung von Texten verhandeln die Agenturen auch die Verträge zwischen Autor und Verlag aus und nehmen urheberrechtliche Ansprüche der Autoren aus Copyrights und Lizenzen wahr. Besonders wenn man noch kein Buch veröffentlicht hat und sich mit den gängigen Honoraren nicht auskennt, kann es von finanziellem Vorteil sein, sein Manuskript einer Agentur anzuvertrauen.

In den USA sind Literaturagenturen Standard, und auch in Deutschland steigt die Anzahl professioneller Vermittlungen zwischen Autoren und Verlagen. Im Bereich der trivialen Heftchenliteratur arbeiten zahlreiche Verlage sogar ausschließlich mit Agenturen zusammen, so dass es ohne deren Vermittlung gar nicht zu einem Vertragsabschluß kommt. Auch in anderen Bereichen etablieren sich die Literaturagenturen, viele haben sich dabei auf bestimmte Genres spezialisiert. Bei der Auswahl einer Agentur sollte deshalb auf deren formale und thematische Schwerpunkte geachtet werden. Informationen darüber finden sich auf den Internetseiten der Agenturen.

Für ihre Leistung berechnen Agenturen eine Vermittlungsgebühr. Diese bewegt sich im Bereich von etwa 15 Prozent des Autorenhonorars. Seriöse Agenturen zeichnen sich dadurch aus, dass diese Provision erst fällig wird, wenn eine Vertragsvermittlung zustande gekommen ist. Von Unternehmen, die Vorauszahlungen verlangen, sollte Abstand genommen werden, denn oft verstauben die Manuskripte ungelesen, und eine Veröffentlichung rückt in weite Ferne.

Eigenverlag

Eine Alternative ist der Selbst- oder Eigenverlag. Dazu wird ein eigener Verlag gegründet, in dem das Werk herausgebracht wird. Diese Möglichkeit ist allerdings mit sehr viel Aufwand verbunden, denn vom Manuskript zum gedruckten Buch ist es ein langer Weg.

Vor dem Druck sollte der Text mehrmals auf inhaltliche, grammatikalische, orthografische und stilistische Mängel gegengelesen werden. Dazu gehört auch, dass man die formalen Textregeln (Siehe auch Kapitel 2: „Die Korrekturen") nochmals überprüft.

Außerdem muss der Text in das Format gebracht werden, in dem er schließlich verlegt werden soll. Ein einheitliches Erscheinungsbild erreicht man durch:

- Formatierung im Blocksatz
- Einheitlichkeit und Übersichtlichkeit bei der Gliederung der Überschriften
- Proportionalität beim Verhältnis der Seitenränder
- Konsequenz bei den Schriftarten (maximal zwei verschiedene Typen)
- Seitenzahlen im entsprechenden Schrifttyp

Auch bei der Erstellung der Druckvorlage gibt es Regeln:

- Einheitsaufnahme der Deutschen Bibliothek und Impressum auf Rückseite des Titelblatts
- Angemessenheit der Schriftgröße

- Zeilenabstand zwischen 1,3 und 1,5 Pt
- Kapitelanfänge möglichst auf der rechten Seite
- Seitenzahlen nicht durchgängig rechtsbündig, sondern entweder mittig oder immer außen (ungerade Zahlen rechts, gerade Zahlen links)

Neben den Arbeiten am Text muss der Umschlag gestaltet werden. Dabei ist zu berücksichtigen, dass die Umschlaggestaltung oft darüber entscheidet, ob ein Buch gekauft wird oder nicht. In manchen Fällen kann es sinnvoller sein, sich professionelle Hilfe bei einem Grafiker zu suchen.

Um Bücher dem Markt überhaupt zugänglich zu machen, sind zwei Maßnahmen notwendig:

- Erwerb einer ISBN, der Internationalen Standard Buch-Nummer (Informationen hierzu finden sich auf der Homepage des Marketing- und Verlagsservices des Buchhandels unter www.mvb-online.de)
- Eintragung in das VLB, dem Verzeichnis lieferbarer Bücher

Verschiedene Gründe sprechen für einen Selbstverlag. Der Autor behält die inhaltliche und formale Kontrolle über sein Werk und vermeidet die bürokratischen Hindernisse eines Fremdverlages. Einige Autoren rechnen sich auch durch den Verzicht auf verlagsübliche Leistungen höhere Gewinnchancen aus.

Zum Schluss bleibt eigentlich nur noch eins: Die Pflichtexemplare an die Deutsche Bibliothek und an die regionale Landesbibliothek zu verschicken.

Dienstleisterverlage

Unter Dienstleisterverlagen versteht man Verlage, bei denen die Autoren für die Kosten, die bei der Publikation eines Buches entstehen, in Vorleistung treten, wie bei jeder anderen Dienstleistung auch. Dienstleisterverlage gibt es bereits seit dem 18. Jahrhundert. Wichtige Schriftsteller der Literaturgeschichte, wie etwa Goethe, Schiller, Herder, Hermann Hesse oder auch Max Frisch haben sich zu Beginn ihres literarischen Schaffens Dienstleisterverlagen anvertraut. Für junge und unbekannte Autoren ist der Dienstleisterverlag oft die einzige Möglichkeit, ein Buch zu publizieren.

Der Verlag übernimmt hierbei die zur Erstellung eines Buches notwendigen Arbeitsschritte wie Lektorat, Formatierung und Covergestaltung. Durch professionelle Bearbeitung des Manuskriptes erwecken diese Bücher oft einen hochwertigeren Eindruck als jene, die im Selbstverlag entstanden sind. Darüber hinaus verfügen Dienstleisterverlage über bessere Marketing- und Vertriebsmöglichkeiten, was die Erfolgschancen der Bücher erheblich erhöht. So wird zum Beispiel das Buch im Internet präsentiert, es werden die Presse und der Buchhandel über das Erscheinen informiert und Lesungen organisiert.

Der Autor hat also die Chance, dass das Buch verlegt wird, auch wenn es sich nicht am Massengeschmack orientiert. Mithilfe einer geleisteten Anschubfinanzierung der Autoren ist es den Dienstleisterverlagen möglich, eine langjährige Lieferbarkeit im Buchhandel zu gewährleisten, was dem

Publikumsverlag in der Regel nur dann möglich ist, wenn der Erfolg sich entsprechend frühzeitig eingestellt hat. Natürlich gibt es bei der Wahl des richtigen Verlages ein paar wesentliche Aspekte zu beachten. Wichtig ist, dass die Vertriebsleistungen, die ein Neuautor mehr noch als ein bereits etablierter Autor benötigt, vom Verlag voll abgedeckt werden.

In Einzelfällen wurden Autoren von Dienstleisterverlagen sogar mit Literaturpreisen ausgezeichnet. Einige haben eine Verfilmung ihres Erstlingswerkes erreicht, andere haben mithilfe des Dienstleisterverlages den Wechsel zu einem Publikumsverlag geschafft (so z.B. in den Verlagen der Frankfurter Verlagsgruppe Holding AG und Frankfurter Literaturverlag GmbH).

Druckkostenzuschuss

Mit dem Dienstleisterverlag gelegentlich verwechselt werden so genannte Druckkostenzuschussverlage (oder auch Zuschussverlage). Der Zuschussverlag berechnet nur die echten Druckkosten und stellt diese dem Autor in Rechnung. Oftmals sind damit wenige oder keine Vertriebsleistungen verbunden.

Vor allem in kleineren Verlagen oder bei wissenschaftlichen Publikationen ist dies ein gängiges Verfahren. Wird eine kritische Auseinandersetzung mit dem eigenen Werk gewünscht, sind Zuschussverlage allerdings nicht die beste Adresse. Im Normalfall spielt die Qualität des Manuskripts keine Rolle.

Book on Demand

Das Prinzip des Buchs auf Bestellung ist denkbar simpel. Das Manuskript liegt nur in digitaler Form, normalerweise als PDF-Datei, vor und wird erst gedruckt und gebunden, wenn ein Kunde eine Bestellung aufgegeben hat. Mithilfe dieser Methode können Bücher bereits ab einer Auflagenhöhe von einem Exemplar veröffentlicht werden. Das Book-on-Demand-Verfahren hat zahlreiche Vorteile:

- kein finanzielles Risiko durch Produktionskosten und Lagerung
- keine Mindestauflagen
- immer lieferbar

Neben den Vorteilen gibt es aber auch eine einige Nachteile:

- Herstellung des einzelnen Buches ist kostenintensiver
- Einschränkung bei hochauflösenden Farbabbildungen
- Risiko längerer Lieferzeiten, besonders zur Weihnachtszeit oder bei aktuellen Messen

Neben dem Verlegen der Manuskripte kann man bei zahlreichen Anbietern gegen einen Aufpreis seinen Text auch korrigieren und lektorieren lassen oder das Verfassen eines werbewirksamen Klappentextes in Auftrag geben. Informationen über die Preise lassen sich direkt und individuell auf den Internetseiten der Anbieter ausrechnen.

Das Verfahren ist aufgrund der geringen Kosten für Projekte empfehlenswert, bei denen die Auflagenzahlen schwer zu kalkulieren sind. Es wird auch von großen Verlagen vor allem im Bereich der wissenschaftlichen Literatur oder für Publikationen mit einem eingeschränkten Leserkreis eingesetzt. Zudem ermöglicht Book on Demand auch unbekannten Autoren, ihre Bücher zu veröffentlichen.

Anhang

Zitierte Literatur

Dudenredaktion (Hrsg.): „Duden. Richtiges und Gutes Deutsch“, Mannheim, Leipzig, Wien, Zürich 2007.

Hauff, Wilhelm, „Sämtliche Märchen“, Stuttgart 2002.

Hoffmann, Heinrich: „Der Struwwelpeter“, München 1994.

Schweikle, Günther und Irmgard (Hrsg.): „Metzler Literaturlexikon“, Stuttgart 1990.

Wilde, Oscar: „Das Gespenst von Canterville“, Erlangen, o.J.

1. *Weiterführende Literatur*

Über Kinder- und Jugendliteratur

Breitmoser, Doris; Stelzner, Bettina (Hrsg.): „Das Bilderbuch. Ein Empfehlungskatalog“, München 2003.

Breitmoser, Doris; Linge, Kristina (Hrsg.): „Das Jugendbuch. Ein Empfehlungskatalog“, München 2007.

Breitmoser, Doris; Stelzner, Bettina (Hrsg.): „Das Kinderbuch. Ein Empfehlungskatalog“, München 2004.

Doderer, Klaus (Hrsg.): „Lexikon der Kinder- und Jugendliteratur“, Weinheim 1996.

Eckhardt, Juliane: „Kinder- und Jugendliteratur“, Darmstadt 1987.

Ewers, Hanns Heino: „Literatur für Kinder und Jugendliche. Eine Einführung.“, München 2000.

Franz, Kurt (Hrsg.): „Kinder- und Jugendliteratur. Ein Lexikon. Autoren – Illustratoren – Verlage – Begriffe“, Meitingen 1995.

Lange, Günter (Hrsg.): „Taschenbuch der Kinder- und Jugendliteratur“, Baltmannsweiler 2005.

Mattenklott, Gundel (Hrsg.): „Zauberkreide. Kinderliteratur seit 1945“, Frankfurt 1994.

Raecke, Renate (Hrsg.) in Zusammenarbeit mit Gronemeier, Heike: „Kinder- und Jugendliteratur in Deutschland“, München 1999.

Schikorsky, Isa: „Schnellkurs Kinder- und Jugendliteratur“, Köln 2003.

Wild, Reiner (Hrsg.): „Geschichte der deutschen Kinder- und Jugendliteratur“, Stuttgart 2001.

Zeitschriften

„Bulletin Jugend & Literatur“
Monatsmagazin für Kinder- und Jugendmedien, Leseförderung und Lesekultur.

„Eselsohr“
Fachzeitschrift für Kinder- und Jugendliteratur aus München informiert zehn Mal im Jahr über alle Gesichtspunkte der Kinder- und Jugendliteratur.

„Julit“
Die Zeitschrift des Arbeitskreises für Jugendliteratur erscheint vierteljährlich.

„kjl & m“ – Kinder- und Jugendliteratur in Schule und Bibliothek (ursprünglich: „Beiträge Jugendliteratur und Medien“)
Herausgegeben von der AG Jugendliteratur und Medien (AJuM) der GEW. Die Zeitschrift erscheint vierteljährlich.

Allgemeine Informationen

Arbeitsgemeinschaft von Jugendbuchverlagen (Hrsg.): „Kinder- und Jugendbuchverlage von A bis Z“, Stuttgart 2008.

Breitmoser, Doris; Linge Kristina (Hrsg.): „Blaubuch 2005“, München 2005.

Utschrin, Sandra; Küspert, Michael Joe (Hrsg.): „Handbuch für Autorinnen und Autoren“, München 2005.

Die Ratgeberreihe für alle, die schreiben und veröffentlichen

WISSEN KOMPAKT FÜR AUTOREN

im Frankfurter Taschenbuchverlag

Großer Hirschgraben 15 * 60311 Frankfurt am Main

Wissen kompakt für Autoren:
Verlagssuche.
Alles, was Sie zum Thema Schreiben und Veröffentlichen wissen müssen

Softcover, 490 S.
14,80 € (D) sFR 27,00 15,20 € (A)
ISBN: 978-3-937909-72-1

Christian Jaensch/Franz F. Frank:
Wissen kompakt für Autoren:
Recht für Autoren

Softcover, 200 S.
12,80 € (D) sFr 23,70 13,20 € (A)
ISBN: 978-3-937909-74-5

Zu beziehen in jeder guten Buchhandlung oder direkt beim

Frankfurter Taschenbuchverlag GmbH

Großer Hirschgraben 15 * 60311 Frankfurt am Main

E-Mail: vertrieb@frankfurter-taschenbuchverlag.de
www.frankfurter-taschenbuchverlag.de
Verkehrsnummer 12405
Tel.: 069 / 40894 – 0
Fax: 069 / 40894 – 194